Dr. NORBERTO DOMÍNGUEZ JURADO

JUEGOS PARA LA VUELTA A LA CALMA

EN LA EDUCACIÓN FÍSICA Y EL DEPORTE

Título: JUEGOS PARA LA VUELTA A LA CALMA EN LA EDUCACIÓN
         FÍSICA Y EL DEPORTE

Autor: NORBERTO DOMÍNGUEZ JURADO

Editorial: WANCEULEN EDITORIAL DEPORTIVA, S.L.
           www.wanceulen.com

ISBN: 978-84-9993-603-1
©Copyright: WANCEULEN EDITORIAL DEPORTIVA, S.L.
Primera Edición: Año 2016

Reservados todos los derechos. Queda prohibido reproducir, almacenar en sistemas de recuperación de la información y transmitir parte alguna de esta publicación, cualquiera que sea el medio empleado (electrónico, mecánico, fotocopia, impresión, grabación, etc.), sin el permiso de los titulares de los derechos de propiedad intelectual. Cualquier forma de reproducción, distribución, comunicación pública o transformación de esta obra solo puede ser realizada con la autorización de sus titulares, salvo excepción prevista por la ley. Diríjase a CEDRO (Centro Español de Derechos Reprográficos, www.cedro.org) si necesita fotocopiar o escanear algún fragmento de esta obra.

ÍNDICE

INTRODUCCIÓN 9

BLOQUE 1: JUEGOS DE RESPIRACIÓN 15
   1.1. La orquesta 16
   1.2. Combate de soplidos 18
   1.3. Salvar el suelo 20
   1.4. Carrera de bolas 22
   1.5. La ruta 24
   1.6. Siluetas de viento 26
   1.7. Pases de vientre 28
   1.8. El laberinto 30
   1.9. Inspira-espira 32
   1.10. Segmentos de aire 34
   1.11. Dianas de aire. 36
   1.12. Puntería a portería 38
   1.13. La aspiradora 40
   1.14. Cañón de aire 42
   1.15. Platillos volantes 44
   1.16. Palabras sopladas 46
   1.17. Arte por aire 48
   1.18. Atrapa la bola 50
   1.19. Inflador humano 52
   1.20. Lluvia de pompas 54
   1.21. Explosión 56
   1.22. Cuento de silencios 58
   1.23. Devuelve la bola 60
   1.24. Molino de viento 62
   1.25. Avanza la casilla 64
   1.26. Golf del soplo 66
   1.27. Globo sonda 68
   1.28. Cuadros hilados 70

1.29. Croché de palabras 72
1.30. Camino de serpentina 74

BLOQUE 2: JUEGOS DE ESTIRAMIENTOS 77
2.1. Escultores 78
2.2. Marionetas 80
2.3. Superhéroes 82
2.4. El compás 84
2.5. El espejo 86
2.6. Estatuas 88
2.7. Sumo estirado 90
2.8. Remando de espaldas 92
2.9. Empuja la caja 94
2.10. Pinta lejos 96
2.11. El fotógrafo 98
2.12. El jardín 100
2.13. Palabras humanas 102
2.14. Flechas estiradas 104
2.15. Castillos en pie 106
2.16. El gran ovillo 108
2.17. Enlazados 110
2.18. Rebasa la barrera. 112
2.19. Cadena elástica 114
2.20. El látigo 116
2.21. Plantar un árbol 118
2.22. La aguja del reloj 120
2.23. El espadachín 122
2.24. Ingravidez 124
2.25. Patas arriba 126
2.26. Pinball humano 128
2.27. Las lianas 130
2.28. El túnel 132
2.29. Aguanta la pelota 134
2.30. Cisnes de piedra 136

BLOQUE 3: JUEGOS DE RELAJACIÓN **139**
   3.1. Dictado de letras 140
   3.2. Números imaginarios 142
   3.3. Contraigo músculos 144
   3.4. La anguila 146
   3.5. El chicle 148
   3.6. Recorrido rodado 150
   3.7. La gran boya 152
   3.8. El rosco 154
   3.9. Croquetas 156
   3.10. Splash 158
   3.11. Sentar la pelota 160
   3.12. La mecedora 162
   3.13. La silla elástica 164
   3.14. Mayor a menor 166
   3.15. El sendero 168
   3.16. Lluvia de balones 170
   3.17. Caída en confianza 172
   3.18. La pila 174
   3.19. La toalla 176
   3.20. La moscarda 178

REFERENCIAS BIBLIOGRÁFICAS **181**

INTRODUCCIÓN

La actividad física y deportiva está cada vez más presente en nuestra sociedad: la necesidad de establecer hábitos de vida saludable para vivir adecuadamente es una realidad que se transmite en la escuela desde tempranas edades (Delgado, 1991). De hecho, son precisamente estos hábitos los que han de perdurar en el tiempo, con la intención de promover una sociedad activa y respetuosa con respecto a su nivel de bienestar personal, contribuyendo a la ausencia de perjuicios corporales y de su propia salud.

Es el área de educación física la principal plataforma para su adquisición desde la infancia, pues necesariamente el cuidado propio ha de quedar manifiesto en el ser humano desde que nace, para prolongarlo durante el resto de su vida de la mejor forma posible (Chinchilla & Zagalaz, 1997).

La **vuelta a la calma** se corresponde con el momento final de toda realización de actividad física y deportiva, así como de cualquier sesión de educación física que se precie (Blázquez, 2011). En este sentido, la vuelta a la calma se define como la capacidad de alcanzar el estado físico, respiratorio y mental previo a la realización de una actividad física y/o deportiva, ralentizando el pulso y disminuyendo la tensión arterial fruto de un proceso de distensión muscular (Domínguez, 2015).

Del mismo modo, dicho componente característico del área de educación física se vincula implícitamente al desarrollo de una correcta y adecuada finalización de actividad física y/o deportiva, alcanzando el grado de relajación necesario para reincorporar al propio cuerpo a una actividad más sosegada y tranquila en comparación con la ya realizada (Domínguez, 2015). Igualmente, la vuelta a la calma trata de bajar la intensidad de forma progresiva y ralentizada (Suárez & Suárez, 1999: 13), pretendiendo mejorar el control sobre el propio cuerpo.

En la presente obra, titulada **juegos para la vuelta a la calma**, se recogen actividades lúdico-didácticas orientadas a la consecución de una adecuada vuelta a la calma y/o enfriamiento, estimulando la concepción del alumnado y del resto de la comunidad educativa sobre su importancia y magnitud, así como potenciando el valor educativo de su minuciosa aplicación en diferentes dimensiones del alumnado y de los distintos procesos de enseñanza y aprendizaje.

Con el fin de conseguir este desarrollo personal e integral de los educandos, las actividades recogidas en el presente escrito se clasificarán en torno a los tres grandes pilares de la vuelta a la calma en la realización de actividad física y/o deportiva: *respiración, estiramientos y relajación*.

La *respiración* supone conducir los esfuerzos realizados a un estado de concentración dirigido al ritmo respiratorio y a su adecuada realización (Prieto, 2009). En función del empleo de los músculos que se pongan en funcionamiento, la implicación del cuerpo humano variará en favor de la necesidad de su aplicación (Ruibal & Serrano, 2001). De la misma forma, una mayor oxigenación de los pulmones provocará un aumento de concentración en sangre, ayudando a que el corazón realice un esfuerzo menor en el abastecimiento de oxígeno al resto del organismo (Domínguez, 2015).

Los *estiramientos* reportan a las articulaciones la adecuada movilidad, contribuyendo a la prevención de lesiones y a la aparición de dificultades durante la realización de cualquier actividad física y/o deportiva (Blum, 2000). Las articulaciones son, al fin y al cabo, los ejes o centros de giro y/o rotación de nuestro aparato locomotor, uniendo los segmentos de la cadena funcional de nuestro cuerpo (Meléndez, 2005). En este sentido, cuanta más movilidad y capacidad de carga tengan las articulaciones, mayor será la variabilidad de nuestro aparato de sostén.

La *relajación* permite al alumnado adquirir un mayor dominio de su *respiración* y de los *estiramientos* de los diferentes segmentos corporales. El aporte que ofrece a las personas que realizan ejercicio físico viene ligado a una disminución en la sensación del estrés, como técnica para hacer frente a las dificultades y calmar la mente, y para proteger al cuerpo de un desgaste innecesario (Payne, 2002).

En las diferentes propuestas lúdicas y didácticas planteadas en esta obra estarán presentes cada uno de los pilares implicados en el proceso de normalización, siendo visibles en la dinámica adquirida en cada uno de los juegos incluidos en **juegos para la vuelta a la calma**.

El libro va dirigido a cualquier profesional de la educación física, del deporte y de la enseñanza en general, puesto que su aplicación puede extenderse a todos los ámbitos gracias a su multidisciplinariedad y transversalidad. La recopilación del contenido de la obra es fruto de los años de experiencia dedicados a la educación física y el entrenamiento deportivo, con personas de todas las edades, por parte del autor.

Teniendo en cuenta el amplio abanico de posibilidades existente en cuanto a la clasificación de juegos, la presente obra recoge una organización basada en estos tres grandes bloques: respiración, estiramientos y relajación;

clasificándola de la forma más descriptiva, detallada y concreta posible. Cada una de las ilustraciones del interior de la obra han sido diseñadas por el autor con la intención de clarificar al máximo las dinámicas manifiestas en cada juego.

Esperamos que esta obra sea de su agrado, pues intenta manifestar su deseo de contribuir a la comunidad educativa, estableciendo los parámetros necesarios para ahondar en una educación inclusiva, igualitaria y acorde a la realidad que vivimos.

Gracias a las personas que lo han hecho posible.

Bloque 1

Juegos de RESPIRACIÓN

1.1. LA ORQUESTA

Nº participantes: entre 3 personas y 30 personas.
Edad: desde 3 años hasta 12 años.
Material: ninguno.
Espacio: suelo gimnasio / patio.
Organización: gran grupo, en decúbito supino.

DESCRIPCIÓN

El alumnado se tumba en decúbito supino sobre el suelo, siguiendo las instrucciones del docente. A la señal, irán realizando soplidos acompasados, de manera que se cree una melodía elaborada con cada movimiento respiratorio realizado. Deberán permanecer tumbados durante toda la duración de la actividad al completo para su realización.

FINES DE LA ACTIVIDAD

- ✓ Controlar de la frecuencia respiratoria.
- ✓ Aumentar la cantidad de oxígeno en sangre.
- ✓ Descender la frecuencia cardíaca.
- ✓ Tonificar los músculos respiratorios.

VARIANTES DE LA ACTIVIDAD

- o Establecer ritmos de percusión por medio de soplidos y movimientos respiratorios.
- o Sincronizar todos los sonidos, formando una única melodía ubicada en un solo tono.

CONCRECIÓN PEDAGÓGICA

Duración: desde 5' hasta 15'.
Etapa: educación infantil / educación primaria.
Contenidos: imagen y percepción / actividades físicas artístico-expresivas / salud.
Evaluación: atención / participación / estado de relajación / potencia respiratoria / compás.

1.2. COMBATE DE SOPLIDOS

Nº participantes: 2 personas.
Edad: desde 3 años hasta 12 años.
Material: globos inflados.
Espacio: suelo gimnasio / patio.
Organización: por parejas, de rodillas.

DESCRIPCIÓN

El alumnado se sitúa frente a frente, con un globo posicionado entre ambas personas. A la señal del docente, soplar hasta conseguir que el globo toque al rival. La posición adecuada será en decúbito prono, apoyando las rodillas y los antebrazos en el suelo para evitar lesiones. Cada vez que el globo toque a alguien, se sumará un punto.

FINES DE LA ACTIVIDAD

- ✓ Controlar de la frecuencia respiratoria.
- ✓ Aumentar la cantidad de oxígeno en sangre.
- ✓ Descender la frecuencia cardíaca.
- ✓ Tonificar los músculos respiratorios.

VARIANTES DE LA ACTIVIDAD

- o Alternar el posicionamiento del globo entre combate y combate realizado.
- o Mantener en globo en vertical con la ayuda de los miembros de la pareja, soplando de forma simultánea para conseguirlo.

CONCRECIÓN PEDAGÓGICA

Duración: desde 5' hasta 15'.
Etapa: educación infantil / educación primaria.
Contenidos: imagen y percepción / actividades físicas artístico-expresivas / salud.
Evaluación: atención / participación / estado de relajación / potencia respiratoria / coordinación.

1.3. SALVAR EL SUELO

Nº participantes: entre 5 personas y 30 personas.
Edad: desde 5 años hasta 12 años.
Material: globos inflados.
Espacio: suelo gimnasio / patio.
Organización: gran grupo, decúbito supino.

DESCRIPCIÓN

Se sueltan entre diez y quince globos al aire. A la señal, y en decúbito prono, el alumnado intentará que ningún globo toque el suelo por medio de espiraciones profundas.

FINES DE LA ACTIVIDAD

- ✓ Controlar de la frecuencia respiratoria.
- ✓ Aumentar la cantidad de oxígeno en sangre.
- ✓ Descender la frecuencia cardíaca.
- ✓ Tonificar los músculos respiratorios.

VARIANTES DE LA ACTIVIDAD

- o Cambiar el lugar de lanzamiento de los globos para alterar la trayectoria de los mismos.
- o Establecer pequeños grupos y jugar a saber qué grupo recibe menos globos en el suelo de su lado del campo.

CONCRECIÓN PEDAGÓGICA

Duración: desde 5' hasta 10'.
Etapa: educación infantil / educación primaria.
Contenidos: imagen y percepción / actividades físicas artístico-expresivas / salud.
Evaluación: atención / participación / potencia respiratoria / comunicación / estado de relajación.

1.4. CARRERA DE BOLAS

Nº participantes: entre 5 personas y 30 personas.
Edad: desde 5 años hasta 12 años.
Material: bolas de papel reciclado / reutilizado.
Espacio: suelo gimnasio / patio.
Organización: gran grupo en hilera, de rodillas.

DESCRIPCIÓN

Cada participante dispondrá de su propia bola de papel reciclado/reutilizado. A la señal, deberá llevar su bola de papel lo antes posible desde la posición de salida hasta la línea de meta previamente marcada. Solo se podrá mover la bola de papel haciendo uso de soplidos, descalificando a las personas que utilicen partes del cuerpo para ello.

FINES DE LA ACTIVIDAD

- ✓ Controlar de la frecuencia respiratoria.
- ✓ Aumentar la cantidad de oxígeno en sangre.
- ✓ Descender la frecuencia cardíaca.
- ✓ Tonificar los músculos respiratorios.

VARIANTES DE LA ACTIVIDAD

- o Utilizar circuitos con curvas, barreras, obstáculos o alteraciones del terreno para intensificar los esfuerzos respiratorios.
- o Organizar mini-competiciones entre parejas o grupos de tres o más personas.

CONCRECIÓN PEDAGÓGICA

Duración: desde 5' hasta 10'.
Etapa: educación infantil / educación primaria.
Contenidos: imagen y percepción / actividades físicas artístico-expresivas / salud.
Evaluación: atención / participación / potencia respiratoria / comunicación / estado de relajación.

1.5. LA RUTA

Nº participantes: entre 5 personas y 30 personas.
Edad: desde 6 años hasta 12 años.
Material: ninguno.
Espacio: suelo gimnasio / patio.
Organización: gran grupo, en decúbito supino.

x8 veces   x7 veces   x6 veces

DESCRIPCIÓN

El alumnado irá realizando tantas repeticiones de espiración como la serie numérica iniciada por el docente indique. Deberán continuar con el número de veces que el participante de su lado haya iniciado, o bien en relación a la persona que el docente elija para su continuación.

FINES DE LA ACTIVIDAD

- ✓ Controlar de la frecuencia respiratoria.
- ✓ Aumentar la cantidad de oxígeno en sangre.
- ✓ Descender la frecuencia cardíaca.
- ✓ Tonificar los músculos respiratorios.

VARIANTES DE LA ACTIVIDAD

- o Alterar las series numéricas con otras operaciones matemáticas: sumas, restas, multiplicaciones y divisiones.
- o Crear códigos en relación a la posición de las letras del alfabeto.

CONCRECIÓN PEDAGÓGICA

Duración: desde 5' hasta 10'.
Etapa: educación infantil / educación primaria.
Contenidos: imagen y percepción / actividades físicas artístico-expresivas / salud.
Evaluación: atención / participación / potencia respiratoria / cálculo mental / estado de relajación.

1.6. SILUETAS DE VIENTO

N° participantes: 2 personas.
Edad: desde 3 años hasta 12 años.
Material: ninguno.
Espacio: suelo gimnasio / patio.
Organización: parejas, en decúbito prono.

DESCRIPCIÓN

Colocados en parejas, uno de las personas participantes se colocará boca-abajo. Mientras tanto, la otra persona participante recorrerá su espalda por medio de soplidos con su propia respiración, dibujando la silueta del otro miembro.

FINES DE LA ACTIVIDAD

- ✓ Controlar de la frecuencia respiratoria.
- ✓ Aumentar la cantidad de oxígeno en sangre.
- ✓ Descender la frecuencia cardíaca.
- ✓ Relajar los músculos del cuerpo.

VARIANTES DE LA ACTIVIDAD

- o Establecer ritmos en los soplidos realizados, alternando la frecuencia y la direccionalidad en cada serie realizada.
- o Realizar recorridos que enlacen extremidades separados entre sí.

CONCRECIÓN PEDAGÓGICA

Duración: desde 5' hasta 10'.
Etapa: educación infantil / educación primaria.
Contenidos: imagen y percepción / actividades físicas artístico-expresivas / salud.
Evaluación: atención / participación / potencia respiratoria / lateralidad / estado de relajación.

1.7. PASES DE VIENTRE

Nº participantes: 2 personas.
Edad: desde 5 años hasta 12 años.
Material: pelotas medianas.
Espacio: suelo gimnasio / patio.
Organización: parejas, en decúbito supino.

DESCRIPCIÓN

Colocados en parejas, uno de las personas participantes se colocará boca-arriba. Mientras la otra persona participante espera de pie, el otro miembro de la pareja le pasará la pelota, colocada en el vientre, por medio de fuertes exhalaciones.

FINES DE LA ACTIVIDAD

- ✓ Controlar de la frecuencia respiratoria.
- ✓ Aumentar la cantidad de oxígeno en sangre.
- ✓ Descender la frecuencia cardíaca.
- ✓ Relajar los músculos del cuerpo.

VARIANTES DE LA ACTIVIDAD

- o Variar la altura alcanzada por la pelota por medio del empleo de un listón o punto de referencia para su realización.
- o Crear una mini-competición en la que se establezca el lanzamiento con más altura.

CONCRECIÓN PEDAGÓGICA

Duración: desde 5' hasta 10'.
Etapa: educación infantil / educación primaria.
Contenidos: imagen y percepción / actividades físicas artístico-expresivas / salud.
Evaluación: atención / participación / potencia respiratoria / tonificación / estado de relajación.

1.8. EL LABERINTO

Nº participantes: entre 2 personas y 30 personas.
Edad: desde 6 años hasta 12 años.
Material: pelotas de ping-pong / papel.
Espacio: suelo gimnasio / patio.
Organización: gran grupo, de rodillas.

DESCRIPCIÓN

Utilizando pelotas de ping-pong, realizar el recorrido del laberinto marcada sobre un largo papel continuo. La persona que realice el recorrido antes será la ganadora. Se irán realizando diferentes series y circuitos variados.

FINES DE LA ACTIVIDAD

- ✓ Controlar de la frecuencia respiratoria.
- ✓ Aumentar la cantidad de oxígeno en sangre.
- ✓ Descender la frecuencia cardíaca.
- ✓ Tonificar los músculos respiratorios.

VARIANTES DE LA ACTIVIDAD

- o Elaborar circuitos con diferentes materiales: plastilina, cartón, plástico o similar.
- o Alternar la inclinación de los circuitos para la realización de la actividad.

CONCRECIÓN PEDAGÓGICA

Duración: desde 3' hasta 7'.
Etapa: educación infantil / educación primaria.
Contenidos: imagen y percepción / actividades físicas artístico-expresivas / salud.
Evaluación: atención / participación / potencia respiratoria / tonificación / estado de relajación.

1.9. INSPIRA-ESPIRA

Nº participantes: entre 2 personas y 30 personas.
Edad: desde 3 años hasta 12 años.
Material: ninguno.
Espacio: suelo gimnasio / patio.
Organización: gran grupo, en decúbito supino.

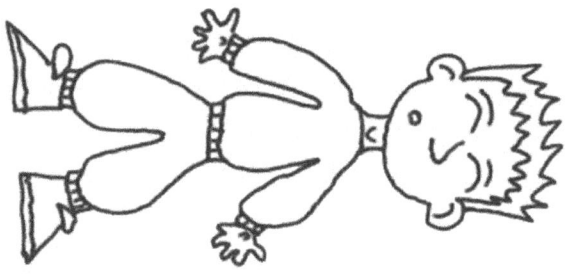

DESCRIPCIÓN

Tumbados boca-arriba a lo largo del espacio disponible, prestar especial atención a los músculos respiratorios. Intercambiar inhalaciones con exhalaciones de aire, buscando el equilibrio para alcanzar la relajación más óptima posible.

FINES DE LA ACTIVIDAD

- ✓ Controlar de la frecuencia respiratoria.
- ✓ Aumentar la cantidad de oxígeno en sangre.
- ✓ Descender la frecuencia cardíaca.
- ✓ Acceder al estado de relajación.

VARIANTES DE LA ACTIVIDAD

- o Incluir música en la realización de los ejercicios respiratorios, alternando su intensidad.
- o Combinar ejercicios respiratorios con la contracción y distensión de ejes musculares, propiciando la llegada del estado relajante.

CONCRECIÓN PEDAGÓGICA

Duración: desde 5' hasta 10'.
Etapa: educación infantil / educación primaria.
Contenidos: imagen y percepción / actividades físicas artístico-expresivas / salud.
Evaluación: atención / participación / potencia respiratoria / concentración / estado de relajación.

1.10. SEGMENTOS DE AIRE

Nº participantes: 2 personas.
Edad: desde 3 años hasta 12 años.
Material: ninguno.
Espacio: suelo gimnasio / patio.
Organización: por parejas, en decúbito supino.

DESCRIPCIÓN

Colocados en parejas, recorrer con aire las partes del cuerpo de la persona participante que integra la pareja. Los soplidos serán leves, de forma que el otro miembro de la pareja deberá adivinar qué parte del cuerpo está recorriendo.

FINES DE LA ACTIVIDAD

- ✓ Controlar de la frecuencia respiratoria.
- ✓ Aumentar la cantidad de oxígeno en sangre.
- ✓ Descender la frecuencia cardíaca.
- ✓ Acceder al estado de relajación.

VARIANTES DE LA ACTIVIDAD

- o Despistar al compañero acercándose levemente a otras extremidades del cuerpo humano, haciendo creer que sopla.
- o Alterar los ritmos empleados para las exhalaciones dadas.

CONCRECIÓN PEDAGÓGICA

Duración: desde 5' hasta 10'.
Etapa: educación infantil / educación primaria.
Contenidos: imagen y percepción / actividades físicas artístico-expresivas / salud.
Evaluación: atención / participación / potencia respiratoria / concentración / estado de relajación.

1.11. DIANAS DE AIRE

Nº participantes: 2 personas.
Edad: desde 7 años hasta 12 años.
Material: botellas de plástico / papel.
Espacio: suelo gimnasio / patio.
Organización: por parejas, de pie.

DESCRIPCIÓN

Colocados en parejas, se dispone de una botella de plástico vacía colgada a la altura del tapón con un hilo de lana en vertical. Frontalmente, situada una gran diana, el alumnado deberá conseguir tocar el centro de la misma haciendo uso de su respiración.

FINES DE LA ACTIVIDAD

- ✓ Controlar de la frecuencia respiratoria.
- ✓ Aumentar la cantidad de oxígeno en sangre.
- ✓ Descender la frecuencia cardíaca.
- ✓ Tonificar los músculos respiratorios.

VARIANTES DE LA ACTIVIDAD

- o Marcar en cada tanda el sitio exacto en el que se ha de hacer diana.
- o Establecer turnos de lanzamientos en los que impere la velocidad, con la intención de aumentar las dificultades en la exhalación.

CONCRECIÓN PEDAGÓGICA

Duración: desde 3' hasta 7'.
Etapa: educación primaria.
Contenidos: imagen y percepción / actividades físicas artístico-expresivas / salud.
Evaluación: atención / participación / potencia respiratoria / puntería / estado de relajación.

1.12. PUNTERÍA A PORTERÍA

Nº participantes: 2 personas.
Edad: desde 3 años hasta 12 años.
Material: pelotas de ping-pong / conos.
Espacio: suelo gimnasio / patio.
Organización: por parejas, de rodillas.

DESCRIPCIÓN

Colocados en parejas, los miembros participantes se retan a marcar el mayor número de goles posible con pelotas de ping-pong. Las porterías serán señalizadas por medio de dos conos altos o bajos.

FINES DE LA ACTIVIDAD

- ✓ Controlar de la frecuencia respiratoria.
- ✓ Aumentar la cantidad de oxígeno en sangre.
- ✓ Descender la frecuencia cardíaca.
- ✓ Tonificar los músculos respiratorios.

VARIANTES DE LA ACTIVIDAD

- o Modificar el tamaño de la portería, haciéndola más grande o más pequeña según convenga.
- o Alterar la inclinación del espacio de lanzamiento para dificultar los mismos, siendo un reto para los lanzamientos.

CONCRECIÓN PEDAGÓGICA

Duración: desde 3' hasta 7'.
Etapa: educación infantil / educación primaria.
Contenidos: imagen y percepción / actividades físicas artístico-expresivas / salud.
Evaluación: atención / participación / potencia respiratoria / puntería / estado de relajación.

1.13. LA ASPIRADORA

Nº participantes: 2 personas.
Edad: desde 3 años hasta 12 años.
Material: pelotas de ping-pong / conos.
Espacio: suelo gimnasio / patio.
Organización: por parejas, de rodillas.

DESCRIPCIÓN

Por parejas, las personas participantes se colocan frente a frente separadas por una línea en el suelo. Una pelota de ping-pong se sitúa entre ambas. A la señal del docente, la persona que atraiga antes la pelota a su campo aspirando gana.

FINES DE LA ACTIVIDAD

- ✓ Controlar de la frecuencia respiratoria.
- ✓ Aumentar la cantidad de oxígeno en sangre.
- ✓ Descender la frecuencia cardíaca.
- ✓ Tonificar los músculos respiratorios.

VARIANTES DE LA ACTIVIDAD

-
- o Alternar entre inhalar y exhalar, con el fin de que se dinamice al máximo el juego.
- o Establecer ritmos en la aspiración de la pelota, de forma que no resulte continuado el

CONCRECIÓN PEDAGÓGICA

Duración: desde 3' hasta 7'.
Etapa: educación infantil / educación primaria.
Contenidos: imagen y percepción / actividades físicas artístico-expresivas / salud.
Evaluación: atención / participación / potencia respiratoria / tonificación / estado de relajación.

1.14. CAÑÓN DE AIRE

Nº participantes: entre 2 personas y 30 personas.
Edad: desde 3 años hasta 12 años.
Material: hojas caídas de árbol.
Espacio: suelo gimnasio / patio.
Organización: gran grupo, de rodillas.

DESCRIPCIÓN

En gran grupo, el alumnado se encuentra distribuido por todo el espacio disponible. A su vez, el terreno está recubierto de hojas previamente recogidas por los educandos. A la señal del docente, sacar las hojas soplando, apartándolas a los lados.

FINES DE LA ACTIVIDAD

- ✓ Controlar de la frecuencia respiratoria.
- ✓ Aumentar la cantidad de oxígeno en sangre.
- ✓ Descender la frecuencia cardíaca.
- ✓ Tonificar los músculos respiratorios.

VARIANTES DE LA ACTIVIDAD

- o Cambiar el material empleado, pudiendo utilizar bolas de papel reutilizado, pelota blandas pequeñas o pelotas de ping-pong.
- o Establecer tiempos a modo de reto para ejercer más dinamismo en el juego.

CONCRECIÓN PEDAGÓGICA

Duración: desde 3' hasta 7'.
Etapa: educación infantil / educación primaria.
Contenidos: imagen y percepción / actividades físicas artístico-expresivas / salud.
Evaluación: atención / participación / potencia respiratoria / tonificación / estado de relajación.

1.15. PLATILLOS VOLANTES

Nº participantes: entre 2 personas y 30 personas.
Edad: desde 3 años hasta 12 años.
Material: platos de plástico.
Espacio: suelo gimnasio / patio.
Organización: gran grupo, de rodillas.

DESCRIPCIÓN

En gran grupo, el alumnado se encuentra dispersado por todo el espacio disponible. Cada participante dispondrá de un plato de plástico delante suya, colocado con la base colindando con el suelo. A la señal del docente, llevarlo hasta el extremo contrario del terreno disponible por medio de soplidos.

FINES DE LA ACTIVIDAD

- ✓ Controlar de la frecuencia respiratoria.
- ✓ Aumentar la cantidad de oxígeno en sangre.
- ✓ Descender la frecuencia cardíaca.
- ✓ Tonificar los músculos respiratorios.

VARIANTES DE LA ACTIVIDAD

- o Cambiar el material empleado, pudiendo utilizar bolas de papel reutilizado, pelota blandas pequeñas o pelotas de ping-pong.
- o Alternar la posición de las personas participantes, aumentando la dificultad.

CONCRECIÓN PEDAGÓGICA

Duración: desde 3' hasta 7'.
Etapa: educación infantil / educación primaria.
Contenidos: imagen y percepción / actividades físicas artístico-expresivas / salud.
Evaluación: atención / participación / potencia respiratoria / tonificación / estado de relajación.

1.16. PALABRAS SOPLADAS

Nº participantes: 2 personas.
Edad: desde 3 años hasta 12 años.
Material: hojas caídas de árbol.
Espacio: suelo gimnasio / patio.
Organización: por parejas, en decúbito prono.

DESCRIPCIÓN

En parejas, un miembro participante se tumba en el suelo boca-abajo. La persona restante de la pareja se dispondrá a dibujar en su espalda palabras con soplidos. El otro miembro de la pareja deberá adivinar de qué palabra se trata.

FINES DE LA ACTIVIDAD

- ✓ Controlar de la frecuencia respiratoria.
- ✓ Aumentar la cantidad de oxígeno en sangre.
- ✓ Descender la frecuencia cardíaca.
- ✓ Tonificar los músculos respiratorios.

VARIANTES DE LA ACTIVIDAD

- o Establecer series numéricas, teniendo que adivinar que números o fechas son.
- o Variar la intensidad en los soplidos realizados con la intención de codificar la información ofrecida durante su realización.

CONCRECIÓN PEDAGÓGICA

Duración: desde 5' hasta 10'.
Etapa: educación infantil / educación primaria.
Contenidos: imagen y percepción / actividades físicas artístico-expresivas / salud.
Evaluación: atención / participación / potencia respiratoria / relajación / representación simbólica.

1.17. ARTE POR AIRE

Nº participantes: entre 2 personas y 20 personas.
Edad: desde 3 años hasta 12 años.
Material: papel continuo largo.
Espacio: suelo gimnasio / patio.
Organización: gran grupo, de rodillas.

DESCRIPCIÓN

En gran grupo, el alumnado se dispersa por el espacio disponible. Se dispone de un largo papel continuo y botes de pintura. Se colocan varios cúmulos de pintura en diferentes puntos del papel. A la señal del docente, se comienzan a crear producciones plásticas solo con soplidos.

FINES DE LA ACTIVIDAD

- ✓ Controlar de la frecuencia respiratoria.
- ✓ Aumentar la cantidad de oxígeno en sangre.
- ✓ Descender la frecuencia cardíaca.
- ✓ Tonificar los músculos respiratorios.

VARIANTES DE LA ACTIVIDAD

- ○ Rellenar modelos de dibujos o pictogramas previamente elaborados.
- ○ Establecer diferentes turnos de actuación en la elaboración de la obra artística que se está creando por medio de exhalaciones.

CONCRECIÓN PEDAGÓGICA

Duración: desde 5' hasta 10'.
Etapa: educación infantil / educación primaria.
Contenidos: imagen y percepción / actividades físicas artístico-expresivas / salud.
Evaluación: atención / participación / potencia respiratoria / relajación / representación simbólica.

1.18. ATRAPA LA BOLA

Nº participantes: 2 personas.
Edad: desde 3 años hasta 12 años.
Material: pelotas de ping-pong.
Espacio: suelo gimnasio / patio.
Organización: por parejas, de rodillas.

DESCRIPCIÓN

En parejas, uno aspira la bola mientras que el otro miembro de la pareja la persigue, intentando cogerla con las manos. El responsable de ir conduciendo la bola por medio de inhalaciones deberá ir cambiando de dirección y trayectoria para evitar ser pillado.

FINES DE LA ACTIVIDAD

- ✓ Controlar de la frecuencia respiratoria.
- ✓ Aumentar la cantidad de oxígeno en sangre.
- ✓ Descender la frecuencia cardíaca.
- ✓ Tonificar los músculos respiratorios.

VARIANTES DE LA ACTIVIDAD

- o Alternar las espiraciones a la bola con espiraciones, con la intención de que el otro miembro del grupo no la atrape.
- o Crear recorridos concretos para la realización de las escapatorias.

CONCRECIÓN PEDAGÓGICA

Duración: desde 5' hasta 10'.
Etapa: educación infantil / educación primaria.
Contenidos: imagen y percepción / actividades físicas artístico-expresivas / salud.
Evaluación: atención / participación / potencia respiratoria / relajación / persecución / agilidad.

1.19. INFLADOR HUMANO

Nº participantes: entre 2 personas y 30 personas.
Edad: desde 3 años hasta 12 años.
Material: globos sin inflar.
Espacio: suelo gimnasio / patio.
Organización: gran grupo, sentados.

DESCRIPCIÓN

En gran grupo, el alumnado se reparte por el espacio disponible. Se dispondrán de al menos dos bolsas de globos grandes. A la señal del docente, el alumnado deberá inflar el mayor número de globos posibles. El educando que consiga inflar más globos al término del tiempo establecido, será la persona ganadora.

FINES DE LA ACTIVIDAD

- ✓ Controlar de la frecuencia respiratoria.
- ✓ Aumentar la cantidad de oxígeno en sangre.
- ✓ Descender la frecuencia cardíaca.
- ✓ Tonificar los músculos respiratorios.

VARIANTES DE LA ACTIVIDAD

- o Combinar el inflado de globos con su posta o transporte a otro lugar del terreno disponible.
- o Modificar los globos que se empleen, siendo de diferentes tamaños y grosores.

CONCRECIÓN PEDAGÓGICA

Duración: desde 5' hasta 10'.
Etapa: educación infantil / educación primaria.
Contenidos: imagen y percepción / actividades físicas artístico-expresivas / salud.
Evaluación: atención / participación / potencia respiratoria / relajación / persecución / agilidad.

1.20. LLUVIA DE POMPAS

Nº participantes: entre 2 personas y 30 personas.
Edad: desde 3 años hasta 12 años.
Material: pomperos / cubos / jabón / pajitas.
Espacio: suelo gimnasio / patio.
Organización: gran grupo, de pie.

DESCRIPCIÓN

En gran grupo, el alumnado se reparte por el espacio disponible. Cada participante dispondrá de un pompero o, en su defecto, de un recipiente con jabón y pajitas de plástico. A la señal del docente, deberán crear el mayor número de pompas posibles.

FINES DE LA ACTIVIDAD

- ✓ Controlar de la frecuencia respiratoria.
- ✓ Aumentar la cantidad de oxígeno en sangre.
- ✓ Descender la frecuencia cardíaca.
- ✓ Tonificar los músculos respiratorios.

VARIANTES DE LA ACTIVIDAD

- o Crear pompas dobles o triples, estableciendo mini-concursos a las más originales.
- o Elaborar la pompa más grande posible, de manera que se vaya incluyendo a otras pompas ya existentes.

CONCRECIÓN PEDAGÓGICA

Duración: desde 5' hasta 10'.
Etapa: educación infantil / educación primaria.
Contenidos: imagen y percepción / actividades físicas artístico-expresivas / salud.
Evaluación: atención / participación / potencia respiratoria / relajación / representación simbólica.

1.21. EXPLOSIÓN

Nº participantes: entre 2 personas y 30 personas.
Edad: desde 6 años hasta 12 años.
Material: globos sin inflar.
Espacio: suelo gimnasio / patio.
Organización: gran grupo, sentados.

DESCRIPCIÓN

En gran grupo, el alumnado se ubica por todo el espacio disponible con un globo en sus manos. Se dispondrá de varias bolsas de globos. A la señal del docente, la persona participante que inflando su globo lo explote antes, ganará.

FINES DE LA ACTIVIDAD

- ✓ Controlar de la frecuencia respiratoria.
- ✓ Aumentar la cantidad de oxígeno en sangre.
- ✓ Descender la frecuencia cardíaca.
- ✓ Tonificar los músculos respiratorios.

VARIANTES DE LA ACTIVIDAD

- o Cambiar la explosión final del globo por dejar que se escape el aire, hasta ser la primera persona en conseguirlo.
- o Establecer ritmos en las explosiones de globos, para combinar sus sonidos.

CONCRECIÓN PEDAGÓGICA

Duración: desde 5' hasta 10'.
Etapa: educación primaria.
Contenidos: imagen y percepción / actividades físicas artístico-expresivas / salud.
Evaluación: atención / participación / potencia respiratoria / relajación / concentración.

1.22. CUENTO DE SILENCIOS

Nº participantes: entre 2 personas y 30 personas.
Edad: desde 3 años hasta 12 años.
Material: ninguno.
Espacio: suelo gimnasio / patio.
Organización: gran grupo, de pie.

DESCRIPCIÓN

En gran grupo, el alumnado se ubica por todo el espacio disponible de pie y caminando. Mientras lo hacen, irán respirando de forma acompasada, de manera que lo único que se escuche mientras caminan es su respiración conjunta.

FINES DE LA ACTIVIDAD

- ✓ Controlar de la frecuencia respiratoria.
- ✓ Aumentar la cantidad de oxígeno en sangre.
- ✓ Descender la frecuencia cardíaca.
- ✓ Tonificar los músculos respiratorios.

VARIANTES DE LA ACTIVIDAD

- o Alternar el centrarse en escuchar la respiración de las personas participantes con los pasos que se van dando durante la caminata.
- o Crear ritmos de respiración diferentes durante la realización del juego.

CONCRECIÓN PEDAGÓGICA

Duración: desde 5' hasta 10'.
Etapa: educación infantil / educación primaria.
Contenidos: imagen y percepción / actividades físicas artístico-expresivas / salud.
Evaluación: atención / participación / potencia respiratoria / estado de relajación / concentración.

1.23. DEVUELVE LA BOLA

Nº participantes: 2 personas.
Edad: desde 5 años hasta 12 años.
Material: pelota de fit-ball.
Espacio: suelo gimnasio / patio.
Organización: por parejas, en decúbito lateral.

DESCRIPCIÓN

En parejas, las personas participantes dispondrán de una pelota de fit-ball. Colocados frente a frente, y a la señal del docente, se irán pasando la pelota con la ayuda únicamente del vientre, contrayéndolo por medio de una respiración profunda.

FINES DE LA ACTIVIDAD

- ✓ Controlar de la frecuencia respiratoria.
- ✓ Aumentar la cantidad de oxígeno en sangre.
- ✓ Descender la frecuencia cardíaca.
- ✓ Tonificar los músculos respiratorios.

VARIANTES DE LA ACTIVIDAD

- o Utilizar pelotas de diferentes tamaños, adaptadas a las características de las personas participantes para su golpeo.
- o Cambiar la distancia y el posicionamiento de las personas participantes en el intercambio.

CONCRECIÓN PEDAGÓGICA

Duración: desde 3' hasta 7'.
Etapa: educación infantil / educación primaria.
Contenidos: imagen y percepción / actividades físicas artístico-expresivas / salud.
Evaluación: atención / participación / potencia respiratoria / estado de relajación / concentración.

1.24. MOLINO DE VIENTO

Nº participantes: 2 personas.
Edad: desde 3 años hasta 12 años.
Material: molinos de papel.
Espacio: suelo gimnasio / patio.
Organización: por parejas, de rodillas.

DESCRIPCIÓN

En parejas, las personas participantes dispondrán de un molino de papel, bien sea ya elaborado o de elaboración propia. Colocados frente a frente, un miembro del equipo aspirará mientras que la otra persona participante espirará, moviéndolo.

FINES DE LA ACTIVIDAD

- ✓ Controlar de la frecuencia respiratoria.
- ✓ Aumentar la cantidad de oxígeno en sangre.
- ✓ Descender la frecuencia cardíaca.
- ✓ Tonificar los músculos respiratorios.

VARIANTES DE LA ACTIVIDAD

- o Utilizar otras producciones de papel para contribuir a su movimiento, como rodillos o coches elaborados con este material.
- o Modificar la velocidad del molino de viento conforme avance la actividad.

CONCRECIÓN PEDAGÓGICA

Duración: desde 3' hasta 7'.
Etapa: educación infantil / educación primaria.
Contenidos: imagen y percepción / actividades físicas artístico-expresivas / salud.
Evaluación: atención / participación / potencia respiratoria / estado de relajación / concentración.

1.25. AVANZA LA CASILLA

Nº participantes: 2 personas.
Edad: desde 5 años hasta 12 años.
Material: huevera / pelotas de ping-pong.
Espacio: suelo gimnasio / patio.
Organización: por parejas, de rodillas.

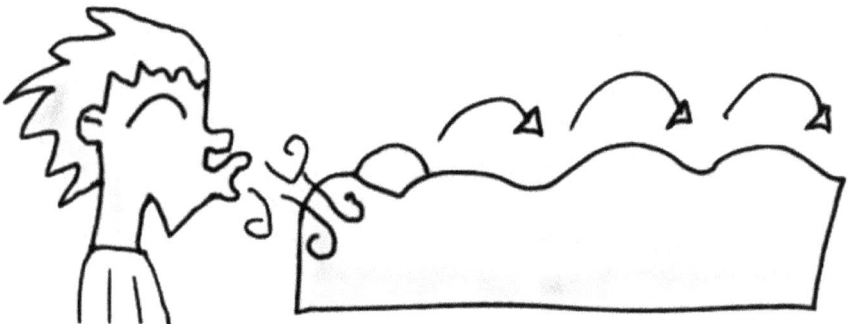

DESCRIPCIÓN

En parejas, las personas participantes se colocan frente a una hueve de cartón. Cada miembro de la pareja dispone de una pelota de ping-pong. Colocada encima de la huevera, y a la señal, ir haciéndola avanzar hasta que alguno gane.

FINES DE LA ACTIVIDAD

- ✓ Controlar de la frecuencia respiratoria.
- ✓ Aumentar la cantidad de oxígeno en sangre.
- ✓ Descender la frecuencia cardíaca.
- ✓ Tonificar los músculos respiratorios.

VARIANTES DE LA ACTIVIDAD

- o Emplear superficies diferentes a las hueveras para ir realizando cada salto de las casillas.
- o Combinar esta actividad con otros juegos de mesa, como en el caso del tres en raya o en la batalla naval, en función a la edad.

CONCRECIÓN PEDAGÓGICA

Duración: desde 3' hasta 7'.
Etapa: educación infantil / educación primaria.
Contenidos: imagen y percepción / actividades físicas artístico-expresivas / salud.
Evaluación: atención / participación / potencia respiratoria / estado de relajación / concentración.

1.26. GOLF DEL SOPLO

N° participantes: entre 2 personas y 20 personas.
Edad: desde 5 años hasta 12 años.
Material: pequeñas cajas de cartón / conos.
Espacio: suelo gimnasio / patio.
Organización: gran grupo, de rodillas.

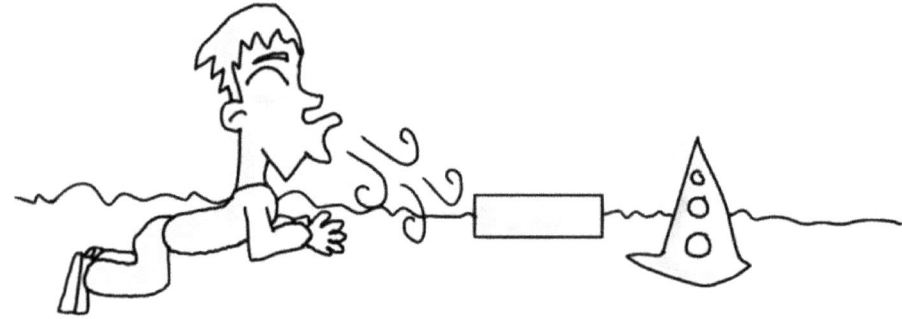

DESCRIPCIÓN

En gran grupo, el alumnado se dispersa por el espacio disponible. Se delimitarán varios puntos con conos. Simulando que juegan al golf, pero en este caso con soplidos, deberán ir moviendo su pequeña caja de cartón hasta tocar el cono en cada caso.

FINES DE LA ACTIVIDAD

- ✓ Controlar de la frecuencia respiratoria.
- ✓ Aumentar la cantidad de oxígeno en sangre.
- ✓ Descender la frecuencia cardíaca.
- ✓ Tonificar los músculos respiratorios.

VARIANTES DE LA ACTIVIDAD

- o Cambiar el móvil empleado entre soplido y soplido para su adecuado desplazamiento.
- o Utilizar superficies con diferentes desniveles haciendo uso de colchonetas, picas e incluso pelotas medianas.

CONCRECIÓN PEDAGÓGICA

Duración: desde 5' hasta 10'.
Etapa: educación infantil / educación primaria.
Contenidos: imagen y percepción / actividades físicas artístico-expresivas / salud.
Evaluación: atención / participación / potencia respiratoria / estado de relajación / concentración.

1.27. GLOBO SONDA

Nº participantes: entre 2 personas y 30 personas.
Edad: desde 4 años hasta 12 años.
Material: globos inflados.
Espacio: suelo gimnasio / patio.
Organización: gran grupo, de pie.

DESCRIPCIÓN

En gran grupo, el alumnado se dispersa por el espacio disponible. Cada participante dispondrá de un globo inflado. A la señal del docente, deberán desplazarse de forma que el globo les vaya acompañando, intercalando inhalar-exhalar.

FINES DE LA ACTIVIDAD

- ✓ Controlar de la frecuencia respiratoria.
- ✓ Aumentar la cantidad de oxígeno en sangre.
- ✓ Descender la frecuencia cardíaca.
- ✓ Tonificar los músculos respiratorios.

VARIANTES DE LA ACTIVIDAD

- o Combinar el espacio disponible para el recorrido con alteraciones durante su conducción, utilizando obstáculos.
- o Emplear diferentes materiales para su ubicación durante el recorrido, dificultándolo.

CONCRECIÓN PEDAGÓGICA

Duración: desde 5' hasta 10'.
Etapa: educación infantil / educación primaria.
Contenidos: imagen y percepción / actividades físicas artístico-expresivas / salud.
Evaluación: atención / participación / potencia respiratoria / estado de relajación / concentración.

1.28. CUADROS HILADOS

Nº participantes: entre 2 personas y 30 personas.
Edad: desde 4 años hasta 12 años.
Material: hilos de lana.
Espacio: suelo gimnasio / patio.
Organización: gran grupo, de rodillas.

DESCRIPCIÓN

En gran grupo, el alumnado se dispersa por el espacio disponible. Cada participante dispondrá de un largo hilo de lana. Con el mismo, deberán crear producciones plásticas por medio de soplidos de la forma más original y creativa posible.

FINES DE LA ACTIVIDAD

- ✓ Controlar de la frecuencia respiratoria.
- ✓ Aumentar la cantidad de oxígeno en sangre.
- ✓ Descender la frecuencia cardíaca.
- ✓ Tonificar los músculos respiratorios.

VARIANTES DE LA ACTIVIDAD

- o Diseñar formas concretas propuestas por el alumnado o por el docente.
- o Establecer la creación de cuadros conjuntos con otras personas participantes, elaborando producciones de mayor tamaño.

CONCRECIÓN PEDAGÓGICA

Duración: desde 3' hasta 7'.
Etapa: educación infantil / educación primaria.
Contenidos: imagen y percepción / actividades físicas artístico-expresivas / salud.
Evaluación: atención / participación / potencia respiratoria / estado de relajación / creatividad.

1.29. CROCHÉ DE PALABRAS

Nº participantes: entre 2 personas y 30 personas.
Edad: desde 4 años hasta 12 años.
Material: hilos de lana.
Espacio: suelo gimnasio / patio.
Organización: gran grupo, de rodillas.

DESCRIPCIÓN

En gran grupo, el alumnado se dispersa por el espacio disponible. Cada participante dispondrá de un largo hilo de lana. Con el mismo, deberán crear formar letras que, con la ayuda de otros participantes, construyan palabras.

FINES DE LA ACTIVIDAD

- ✓ Controlar de la frecuencia respiratoria.
- ✓ Aumentar la cantidad de oxígeno en sangre.
- ✓ Descender la frecuencia cardíaca.
- ✓ Tonificar los músculos respiratorios.

VARIANTES DE LA ACTIVIDAD

- o Intercalar la creación de letras y palabras en mayúsculas y minúsculas.
- o Crear palabras enlazadas que den lugar a breves oraciones o frases con cierto sentido y relacionadas con un tema concreto.

CONCRECIÓN PEDAGÓGICA

Duración: desde 3' hasta 7'.
Etapa: educación infantil / educación primaria.
Contenidos: imagen y percepción / actividades físicas artístico-expresivas / salud.
Evaluación: atención / participación / potencia respiratoria / estado de relajación / creatividad.

1.30. CAMINO DE SERPENTINA

Nº participantes: entre 2 personas y 30 personas.
Edad: desde 4 años hasta 12 años.
Material: serpentina.
Espacio: suelo gimnasio / patio.
Organización: gran grupo, de rodillas.

DESCRIPCIÓN

En gran grupo, el alumnado se dispersa por el espacio disponible. Se coloca serpentina repartida por todo el terreno de la actividad. A la señal del docente, se deberá ir abriendo caminos hasta elaborar un gran camino conjunto.

FINES DE LA ACTIVIDAD

- ✓ Controlar de la frecuencia respiratoria.
- ✓ Aumentar la cantidad de oxígeno en sangre.
- ✓ Descender la frecuencia cardíaca.
- ✓ Tonificar los músculos respiratorios.

VARIANTES DE LA ACTIVIDAD

- o Sustituir la serpentina por material reciclado u otro material que tenga la misma utilidad.
- o Elaborar el camino en relación a la serpentina rociada en zonas muy específicas del terreno de juego, alternando su ubicación.

CONCRECIÓN PEDAGÓGICA

Duración: desde 3' hasta 7'.
Etapa: educación infantil / educación primaria.
Contenidos: imagen y percepción / actividades físicas artístico-expresivas / salud.
Evaluación: atención / participación / potencia respiratoria / estado de relajación / creatividad.

Bloque 2

Juegos de ESTIRAMIENTOS

2.1. ESCULTORES

Nº participantes: 2 personas.
Edad: desde 4 años hasta 12 años.
Material: ninguno.
Espacio: suelo gimnasio / patio.
Organización: por parejas, en decúbito supino.

DESCRIPCIÓN

En parejas, un miembro participante se tumba sobre el suelo o colchoneta, dejando todo el peso sobre el mismo, relajado. Mientras tanto, el otro miembro de la pareja deberá posicionar sus segmentos corporales, creando una escultura.

FINES DE LA ACTIVIDAD

- ✓ Establecer hábitos de ubicación postural.
- ✓ Aumentar la cantidad de oxígeno en sangre.
- ✓ Descender la frecuencia cardíaca.
- ✓ Alcanzar la distensión muscular.

VARIANTES DE LA ACTIVIDAD

- o Modificar el posicionamiento del miembro participante que se tumba.
- o Introducir intervalos de tiempo, con la intención de crear una mayor dificultad a la hora de realizar la actividad.

CONCRECIÓN PEDAGÓGICA

Duración: desde 3' hasta 7'.
Etapa: educación infantil / educación primaria.
Contenidos: imagen y percepción / actividades físicas artístico-expresivas / salud.
Evaluación: atención / participación / distensión muscular / estado de relajación / creatividad.

2.2. MARIONETAS

Nº participantes: 2 personas.
Edad: desde 4 años hasta 12 años.
Material: ninguno.
Espacio: suelo gimnasio / patio.
Organización: por parejas, de pie.

DESCRIPCIÓN

En parejas, un miembro participante se coloca delante del otro de pie, sujetos por los brazos. A la señal del docente, su compañero lo llevará por todo el espacio disponible, simulando que se trata de una marioneta en movimiento.

FINES DE LA ACTIVIDAD

- ✓ Establecer hábitos de ubicación postural.
- ✓ Aumentar la cantidad de oxígeno en sangre.
- ✓ Descender la frecuencia cardíaca.
- ✓ Alcanzar la distensión muscular.

VARIANTES DE LA ACTIVIDAD

- o Cambiar la ubicación del miembro participante que hace de marioneta.
- o Alternar los intervalos de tiempo empleados, con la intención de aumentar el grado de dificultad de la actividad.

CONCRECIÓN PEDAGÓGICA

Duración: desde 3' hasta 7'.
Etapa: educación infantil / educación primaria.
Contenidos: imagen y percepción / actividades físicas artístico-expresivas / salud.
Evaluación: atención / participación / distensión muscular / estado de relajación / creatividad.

2.3. SUPERHÉROES

Nº participantes: entre 2 personas y 30 personas.
Edad: desde 4 años hasta 12 años.
Material: ninguno.
Espacio: suelo gimnasio / patio.
Organización: gran grupo, de pie.

DESCRIPCIÓN

En gran grupo, y ocupando el espacio disponible, ir adquiriendo las figuras corporales propuestas por el docente. En ellos, se deberán identificar a los principales superhéroes y superheroínas de cómics.

FINES DE LA ACTIVIDAD

- ✓ Establecer hábitos de ubicación postural.
- ✓ Aumentar la cantidad de oxígeno en sangre.
- ✓ Descender la frecuencia cardíaca.
- ✓ Alcanzar la distensión muscular.

VARIANTES DE LA ACTIVIDAD

- o Introducir movimientos mientras se realizan los estiramientos.
- o Posicionar los segmentos corporales de forma concreta para, posteriormente, alcanzar la figura propuesta por el docente.

CONCRECIÓN PEDAGÓGICA

Duración: desde 3' hasta 7'.
Etapa: educación infantil / educación primaria.
Contenidos: imagen y percepción / actividades físicas artístico-expresivas / salud.
Evaluación: atención / participación / distensión muscular / estado de relajación / creatividad.

2.4. EL COMPÁS

Nº participantes: 2 personas.
Edad: desde 6 años hasta 12 años.
Material: ninguno.
Espacio: suelo gimnasio / patio.
Organización: por parejas, sentados.

DESCRIPCIÓN

En parejas, situarse sentados frente a frente. Las piernas quedarán extendidas y los talones de cada miembro participante se ubicarán suela con suela. Se abrirán y cerrarán las piernas de forma simultánea, con la intención de realizar una apertura de 90º.

FINES DE LA ACTIVIDAD

- ✓ Establecer hábitos de ubicación postural.
- ✓ Aumentar la cantidad de oxígeno en sangre.
- ✓ Descender la frecuencia cardíaca.
- ✓ Alcanzar la distensión muscular.

VARIANTES DE LA ACTIVIDAD

- o Alternar la velocidad que se le impone a la realización del ejercicio.
- o Posicionar los segmentos corporales de forma concreta para, posteriormente, alcanzar la figura propuesta por el docente.

CONCRECIÓN PEDAGÓGICA

Duración: desde 3' hasta 7'.
Etapa: educación primaria.
Contenidos: imagen y percepción / actividades físicas artístico-expresivas / salud.
Evaluación: atención / participación / distensión muscular / estado de relajación / creatividad.

2.5. EL ESPEJO

Nº participantes: 2 personas.
Edad: desde 3 años hasta 12 años.
Material: ninguno.
Espacio: suelo gimnasio / patio.
Organización: por parejas, de pie.

DESCRIPCIÓN

En parejas, situarse de pie frente a frente. Uno de los miembros participantes de la pareja realizará diferentes movimientos y gestos, mientras que su compañero deberá imitar todo lo que haga, como si de un espejo se tratase. Se intercambiarán los roles.

FINES DE LA ACTIVIDAD

- ✓ Establecer hábitos de ubicación postural.
- ✓ Aumentar la cantidad de oxígeno en sangre.
- ✓ Descender la frecuencia cardíaca.
- ✓ Alcanzar la distensión muscular.

VARIANTES DE LA ACTIVIDAD

- o Aumentar la velocidad de la realización de la actividad, distribuyéndose por el espacio.
- o Establecer ejercicios concretos para su realización mientras se desarrolla la imitación como si fuesen un espejo.

CONCRECIÓN PEDAGÓGICA

Duración: desde 3' hasta 7'.
Etapa: educación infantil / educación primaria.
Contenidos: imagen y percepción / actividades físicas artístico-expresivas / salud.
Evaluación: atención / participación / distensión muscular / estado de relajación / creatividad.

2.6. ESTATUAS

Nº participantes: entre 2 personas y 30 personas.
Edad: desde 3 años hasta 12 años.
Material: ninguno.
Espacio: suelo gimnasio / patio.
Organización: gran grupo, de pie.

DESCRIPCIÓN

En gran grupo, todas las personas participantes se distribuyen por el espacio disponible. A la señal del docente, deberán adquirir una figura corporal que mantendrán mientras se indique, creando una figura personal y única.

FINES DE LA ACTIVIDAD

- ✓ Establecer hábitos de ubicación postural.
- ✓ Aumentar la cantidad de oxígeno en sangre.
- ✓ Descender la frecuencia cardíaca.
- ✓ Alcanzar la distensión muscular.

VARIANTES DE LA ACTIVIDAD

- o Potenciar otros aspectos motrices a través de la realización de figuras corporales, realizando ejercicios de equilibro y giros.
- o Modificar la situación del alumnado, situándose en decúbito supino y prono.

CONCRECIÓN PEDAGÓGICA

Duración: desde 5' hasta 10'.
Etapa: educación infantil / educación primaria.
Contenidos: imagen y percepción / actividades físicas artístico-expresivas / salud.
Evaluación: atención / participación / distensión muscular / estado de relajación / creatividad.

2.7. SUMO ESTIRADO

N° participantes: 2 personas.
Edad: desde 5 años hasta 12 años.
Material: ninguno.
Espacio: suelo gimnasio / patio.
Organización: por parejas, en decúbito prono.

DESCRIPCIÓN

En parejas, y situados frente a frente y boca-abajo, el alumnado extiende brazos y piernas, agarrándose de las manos. A la señal del docente, y manteniendo el empuje en las manos, intentar sobrepasar el lado del campo del otro participante.

FINES DE LA ACTIVIDAD

- ✓ Establecer hábitos de ubicación postural.
- ✓ Aumentar la cantidad de oxígeno en sangre.
- ✓ Descender la frecuencia cardíaca.
- ✓ Alcanzar la distensión muscular.

VARIANTES DE LA ACTIVIDAD

- o Cambiar la ubicación de las parejas, de forma que se coloquen en decúbito supino.
- o Modificar el punto de empuje, pudiendo hacerlo con la cadera, las piernas o incluso los glúteos.

CONCRECIÓN PEDAGÓGICA

Duración: desde 5' hasta 10'.
Etapa: educación infantil / educación primaria.
Contenidos: imagen y percepción / actividades físicas artístico-expresivas / salud.
Evaluación: empuje / participación / distensión muscular / estado de relajación / creatividad.

2.8. REMANDO DE ESPALDAS

Nº participantes: 2 personas.
Edad: desde 7 años hasta 12 años.
Material: ninguno.
Espacio: suelo gimnasio / patio.
Organización: por parejas, sentados.

DESCRIPCIÓN

En parejas, y situados espalda contra espalda sentados, los miembros participantes se enlazan a la altura de los codos. A la señal del docente, deberán tirar uno del otro de forma alterna, teniendo la sensación de que están remando en el mar.

FINES DE LA ACTIVIDAD

- ✓ Establecer hábitos de ubicación postural.
- ✓ Aumentar la cantidad de oxígeno en sangre.
- ✓ Descender la frecuencia cardíaca.
- ✓ Alcanzar la distensión muscular.

VARIANTES DE LA ACTIVIDAD

- ○ Cambiar la ubicación de las parejas, de forma que se coloquen frontalmente.
- ○ Aumentar el ritmo de la realización del ejercicio, combinado con un brusco descenso, experimentando autocontrol en la actividad.

CONCRECIÓN PEDAGÓGICA

Duración: desde 5' hasta 10'.
Etapa: educación primaria.
Contenidos: imagen y percepción / actividades físicas artístico-expresivas / salud.
Evaluación: empuje / participación / distensión muscular / estado de relajación / creatividad.

2.9. EMPUJA LA CAJA

Nº participantes: 2 personas.
Edad: desde 7 años hasta 12 años.
Material: cajas de cartón.
Espacio: suelo gimnasio / patio.
Organización: por parejas, sentados.

DESCRIPCIÓN

En parejas, un miembro participante se sienta con las piernas lo más abiertas posibles, formando un ángulo de 90ª. Mientras tanto, el otro miembro se sitúa detrás. Con la ayuda de este último, y empujando poco a poco, ayudará al otro participante a llevar la caja lo más lejos posible sin rebotes musculares.

FINES DE LA ACTIVIDAD

- ✓ Establecer hábitos de ubicación postural.
- ✓ Aumentar la cantidad de oxígeno en sangre.
- ✓ Descender la frecuencia cardíaca.
- ✓ Alcanzar la distensión muscular.

VARIANTES DE LA ACTIVIDAD

- o Modificar la disposición de las parejas, de forma que tengan que empujar la caja en diferentes posiciones.
- o Sustituir el empuje por el hecho de atraer la caja al punto que se establezca.

CONCRECIÓN PEDAGÓGICA

Duración: desde 5' hasta 10'.
Etapa: educación primaria.
Contenidos: imagen y percepción / actividades físicas artístico-expresivas / salud.
Evaluación: empuje / participación / distensión muscular / estado de relajación / creatividad.

2.10. PINTA LEJOS

Nº participantes: entre 2 personas y 30 personas.
Edad: desde 5 años hasta 12 años.
Material: papel continuo / lápices de colores.
Espacio: suelo gimnasio / patio.
Organización: gran grupo, de pie.

DESCRIPCIÓN

En gran grupo, el alumnado se distribuye por el espacio disponible, en donde quedará situado un gran papel continuo y lápices de colores. A la señal del docente, intentar crear una producción plástica llegando a tocar el suelo sin flexionar las rodillas.

FINES DE LA ACTIVIDAD

- ✓ Establecer hábitos de ubicación postural.
- ✓ Aumentar la cantidad de oxígeno en sangre.
- ✓ Descender la frecuencia cardíaca.
- ✓ Alcanzar la distensión muscular.

VARIANTES DE LA ACTIVIDAD

- o Cambiar la posición para poder pintar, de manera que se alternen las disposiciones.
- o Introducir nuevos elementos de producción plástica para la elaboración de la obra, tales como hilos o pegatinas.

CONCRECIÓN PEDAGÓGICA

Duración: desde 5' hasta 10'.
Etapa: educación infantil / educación primaria.
Contenidos: imagen y percepción / actividades físicas artístico-expresivas / salud.
Evaluación: empuje / participación / distensión muscular / estado de relajación / creatividad.

2.11. EL FOTÓGRAFO

Nº participantes: entre 2 personas y 30 personas.
Edad: desde 5 años hasta 12 años.
Material: ninguno.
Espacio: suelo gimnasio / patio.
Organización: gran grupo, de pie.

DESCRIPCIÓN

En gran grupo, todo el alumnado se coloca a un extremo del espacio disponible. Mientras tanto, otro miembro participante se va al lado opuesto y, con los ojos cerrados y dando la espalda al grupo, simula echar una fotografía. En ese momento, el resto de participantes podrá avanzar y en cuanto vuelva a girarse el fotógrafo, deberá quedar inmóvil. Gana la primera persona participante que llega al final.

FINES DE LA ACTIVIDAD

- ✓ Establecer hábitos de ubicación postural.
- ✓ Aumentar la cantidad de oxígeno en sangre.
- ✓ Descender la frecuencia cardíaca.
- ✓ Alcanzar la distensión muscular.

VARIANTES DE LA ACTIVIDAD

- o Realizar los movimientos marcha atrás, de manera que no se dirija frontalmente.
- o Alternar la forma de desplazarse: reptando, de rodillas, en cuadrupedias o incluso incluyendo saltos y zigzagueos.

CONCRECIÓN PEDAGÓGICA

Duración: desde 5' hasta 10'.
Etapa: educación infantil / educación primaria.
Contenidos: imagen y percepción / actividades físicas artístico-expresivas / salud.
Evaluación: atención / participación / distensión muscular / estado de relajación / creatividad.

2.12. EL JARDÍN

Nº participantes: 5 personas.
Edad: desde 5 años hasta 12 años.
Material: ninguno.
Espacio: suelo gimnasio / patio.
Organización: grupos de 5 personas, tumbados.

DESCRIPCIÓN

En grupos de 5 personas, el alumnado se distribuye en el espacio disponible. Respetando el tiempo marcado por el docente, deberán formar una flor en el suelo lo más original posible con la ayuda del posicionamiento de cada miembro participante.

FINES DE LA ACTIVIDAD

- ✓ Establecer hábitos de ubicación postural.
- ✓ Aumentar la cantidad de oxígeno en sangre.
- ✓ Descender la frecuencia cardíaca.
- ✓ Alcanzar la distensión muscular.

VARIANTES DE LA ACTIVIDAD

- o Cambiar la posición de las flores, con la intención de ir creando producciones distintas.
- o Modificar la creación de flores por otras formas, como sistemas montañosos, caminos, muebles y castillos.

CONCRECIÓN PEDAGÓGICA

Duración: desde 5' hasta 10'.
Etapa: educación infantil / educación primaria.
Contenidos: imagen y percepción / actividades físicas artístico-expresivas / salud.
Evaluación: atención / participación / distensión muscular / estado de relajación / creatividad.

2.13. PALABRAS HUMANAS

Nº participantes: 5 personas.
Edad: desde 5 años hasta 12 años.
Material: ninguno.
Espacio: suelo gimnasio / patio.
Organización: grupos de 5 personas, tumbados.

DESCRIPCIÓN

En grupos de 5 personas, el alumnado se distribuye en el espacio disponible. Respetando el tiempo marcado por el docente, deberán formar diferentes palabras con letras, creadas a su vez con distintas figuras corporales.

FINES DE LA ACTIVIDAD

- ✓ Establecer hábitos de ubicación postural.
- ✓ Aumentar la cantidad de oxígeno en sangre.
- ✓ Descender la frecuencia cardíaca.
- ✓ Alcanzar la distensión muscular.

VARIANTES DE LA ACTIVIDAD

- o Crear frases, con la colaboración de otros grupos y uniendo todas las palabras.
- o Elaborar adivinanzas, de forma que el resto de grupos tengan que averiguar de qué palabra se trata en cada caso.

CONCRECIÓN PEDAGÓGICA

Duración: desde 5' hasta 10'.
Etapa: educación infantil / educación primaria.
Contenidos: imagen y percepción / actividades físicas artístico-expresivas / salud.
Evaluación: atención / participación / distensión muscular / estado de relajación / creatividad.

2.14. FECHAS ESTIMADAS

Nº participantes: 5 personas.
Edad: desde 5 años hasta 12 años.
Material: ninguno.
Espacio: suelo gimnasio / patio.
Organización: grupos de 5 personas, tumbados.

> **DESCRIPCIÓN**
>
> En grupos de 5 personas, el alumnado se distribuye en el espacio disponible. Respetando el tiempo marcado por el docente, deberán formar diferentes números para componer un año en concreto, el cual deberá ser lo más claro posible.

FINES DE LA ACTIVIDAD

- ✓ Establecer hábitos de ubicación postural.
- ✓ Aumentar la cantidad de oxígeno en sangre.
- ✓ Descender la frecuencia cardíaca.
- ✓ Alcanzar la distensión muscular.

VARIANTES DE LA ACTIVIDAD

- o Crear series numéricas al ritmo marcado por el docente, alternando posiciones.
- o Plantear adivinanzas sobre fechas importantes o series numéricas en las que se produzcan ausencias, adivinadas por el resto de grupos.

CONCRECIÓN PEDAGÓGICA

Duración: desde 5' hasta 10'.
Etapa: educación infantil / educación primaria.
Contenidos: imagen y percepción / actividades físicas artístico-expresivas / salud.
Evaluación: atención / participación / distensión muscular / estado de relajación / creatividad.

2.15. CASTILLOS EN PIE

Nº participantes: 5 personas.
Edad: desde 6 años hasta 12 años.
Material: ninguno.
Espacio: suelo gimnasio / patio.
Organización: grupos de 5 personas, de pie.

DESCRIPCIÓN

En grupos de 5 personas, el alumnado se distribuye en el espacio disponible. Los miembros participantes del grupo deberán crear castillos por medio de las siluetas que vayan adquiriendo conjuntamente, representando cada parte de los mismos.

FINES DE LA ACTIVIDAD

- ✓ Establecer hábitos de ubicación postural.
- ✓ Aumentar la cantidad de oxígeno en sangre.
- ✓ Descender la frecuencia cardíaca.
- ✓ Alcanzar la distensión muscular.

VARIANTES DE LA ACTIVIDAD

- o Alterar la altura y anchura de los castillos en diferentes momentos del juego.
- o Combinar varios castillos, formando torres o torreones con la ayuda de la participación de los miembros del resto de equipos.

CONCRECIÓN PEDAGÓGICA

Duración: desde 5' hasta 10'.
Etapa: educación primaria.
Contenidos: imagen y percepción / actividades físicas artístico-expresivas / salud.
Evaluación: atención / participación / distensión muscular / estado de relajación / creatividad.

2.16. EL GRAN OVILLO

Nº participantes: entre 2 personas y 30 personas.
Edad: desde 6 años hasta 12 años.
Material: ninguno.
Espacio: suelo gimnasio / patio.
Organización: gran grupo, de pie.

DESCRIPCIÓN

En gran grupo, el alumnado forma un círculo agarrándose de las manos. Para su construcción, el alumnado podrá posicionar los brazos como desee, complicando su posterior desenredo. A la señal del docente, los educandos intentarán deshacer los líos.

FINES DE LA ACTIVIDAD

- ✓ Establecer hábitos de ubicación postural.
- ✓ Aumentar la cantidad de oxígeno en sangre.
- ✓ Descender la frecuencia cardíaca.
- ✓ Alcanzar la distensión muscular.

VARIANTES DE LA ACTIVIDAD

- o Colocar al alumnado en gran círculo y de espaldas, los unos con los otros, dificultando el desenredo de los enredos creados.
- o Modificar la posición del alumnado, situándolo en círculos de mayor o menor tamaño.

CONCRECIÓN PEDAGÓGICA

Duración: desde 3' hasta 7'.
Etapa: educación primaria.
Contenidos: imagen y percepción / actividades físicas artístico-expresivas / salud.
Evaluación: atención / participación / distensión muscular / estado de relajación / creatividad.

2.17. ENLAZADOS

Nº participantes: 2 personas.
Edad: desde 6 años hasta 12 años.
Material: ninguno.
Espacio: suelo gimnasio / patio.
Organización: por parejas, de pie.

DESCRIPCIÓN

En parejas, el alumnado se sitúa frente a frente. Se agarran de las manos, dificultando al máximo el posterior desenredo, de manera que enredan sus brazos y piernas. A la señal del docente, y sin soltarse de las manos, deberán desenredar el lazo.

FINES DE LA ACTIVIDAD

- ✓ Establecer hábitos de ubicación postural.
- ✓ Aumentar la cantidad de oxígeno en sangre.
- ✓ Descender la frecuencia cardíaca.
- ✓ Alcanzar la distensión muscular.

VARIANTES DE LA ACTIVIDAD

- o Variar la posición de las manos de los miembros participantes del grupo.
- o Cambiar el posicionamiento de la pareja, de forma que se coloquen de lado, de espaldas e incluso manteniendo el equilibrio.

CONCRECIÓN PEDAGÓGICA

Duración: desde 3' hasta 7'.
Etapa: educación primaria.
Contenidos: imagen y percepción / actividades físicas artístico-expresivas / salud.
Evaluación: atención / participación / distensión muscular / estado de relajación / creatividad.

2.18. REBASA LA BARRERA

Nº participantes: 3 personas.
Edad: desde 6 años hasta 12 años.
Material: picas.
Espacio: suelo gimnasio / patio.
Organización: en tríos, de pie.

DESCRIPCIÓN

En grupos de 3 personas, dos miembros participantes sujetan una pica en posición horizontal. El tercer miembro participante deberá pasar por debajo de la pica sin tocarla. En cada turno realizado se irá bajando la altura de la pica, dificultando el paso.

FINES DE LA ACTIVIDAD

- ✓ Establecer hábitos de ubicación postural.
- ✓ Aumentar la cantidad de oxígeno en sangre.
- ✓ Descender la frecuencia cardíaca.
- ✓ Alcanzar la distensión muscular.

VARIANTES DE LA ACTIVIDAD

- o Cambiar la posición de la pica, de manera que se ubique de forma vertical.
- o Modificar el sistema de superación de la barrera, manteniéndola en movimiento y dificultando aún más el paso.

CONCRECIÓN PEDAGÓGICA

Duración: desde 3' hasta 7'.
Etapa: educación primaria.
Contenidos: imagen y percepción / actividades físicas artístico-expresivas / salud.
Evaluación: atención / participación / distensión muscular / estado de relajación / creatividad.

2.19. CADENA ELÁSTICA

Nº participantes: 5 personas.
Edad: desde 6 años hasta 12 años.
Material: ninguno.
Espacio: suelo gimnasio / patio.
Organización: grupos de 5 personas, sentados.

DESCRIPCIÓN

En grupos de 5 personas, el alumnado se coloca en fila, sentado en el suelo, próximo a una pared. El último participante deberá empujar la espalda del que tiene delante, y así sucesivamente. El grupo que primero consiga tocar la pared ganará el juego.

FINES DE LA ACTIVIDAD

- ✓ Establecer hábitos de ubicación postural.
- ✓ Aumentar la cantidad de oxígeno en sangre.
- ✓ Descender la frecuencia cardíaca.
- ✓ Alcanzar la distensión muscular.

VARIANTES DE LA ACTIVIDAD

- o Modificar la posición de la fila, de manera que se consigan diferentes estiramientos pasivos.
- o Realizar el movimiento a la inversa, de forma que el alumnado tenga que realizar los estiramientos hacia atrás.

CONCRECIÓN PEDAGÓGICA

Duración: desde 3' hasta 7'.
Etapa: educación primaria.
Contenidos: imagen y percepción / actividades físicas artístico-expresivas / salud.
Evaluación: atención / participación / distensión muscular / estado de relajación / creatividad.

2.20. EL LÁTIGO

Nº participantes: 7 personas.
Edad: desde 6 años hasta 12 años.
Material: pelotas / cajas.
Espacio: suelo gimnasio / patio.
Organización: grupos de 7 personas, de pie.

DESCRIPCIÓN

En grupos de 7 personas, el alumnado se coloca en hilera agarrado de las manos. A la señal del docente, el participante situado al extremo de la hilera deberá dirigirse hacia una caja con pelotas, sin soltarse de las manos. Al hacerlo, cogerá una de ellas y volverá. El equipo que más pelotas consigue en menos tiempo ganará el juego.

FINES DE LA ACTIVIDAD

- ✓ Establecer hábitos de ubicación postural.
- ✓ Aumentar la cantidad de oxígeno en sangre.
- ✓ Descender la frecuencia cardíaca.
- ✓ Alcanzar la distensión muscular.

VARIANTES DE LA ACTIVIDAD

- o Unir la hilera agarrándose por las caderas, de manera que exista menos movilidad.
- o Cambiar las pelotas por otros objetos, como cajas, borradores e incluso producciones plásticas elaboradas por el alumnado.

CONCRECIÓN PEDAGÓGICA

Duración: desde 5' hasta 10'.
Etapa: educación primaria.
Contenidos: imagen y percepción / actividades físicas artístico-expresivas / salud.
Evaluación: atención / participación / distensión muscular / estado de relajación / creatividad.

2.21. PLANTAR UN ÁRBOL

Nº participantes: 2 personas.
Edad: desde 7 años hasta 12 años.
Material: ninguno.
Espacio: suelo gimnasio / patio.
Organización: por parejas, de pie.

DESCRIPCIÓN

En parejas, el alumnado se distribuye por el espacio disponible. Un participante se coloca de forma invertida con respecto al suelo, colocando sus manos en el mismo. El otro miembro le sujeta por las piernas, aguantándolo y simulando ser un árbol.

FINES DE LA ACTIVIDAD

- ✓ Establecer hábitos de ubicación postural.
- ✓ Aumentar la cantidad de oxígeno en sangre.
- ✓ Descender la frecuencia cardíaca.
- ✓ Alcanzar la distensión muscular.

VARIANTES DE LA ACTIVIDAD

- o Cambiar la posición en la formación de árboles, haciendo referencia a su especie.
- o Modificar la forma de plantar el árbol, pudiendo hacerlo en el suelo en decúbito prono, decúbito supino o decúbito lateral.

CONCRECIÓN PEDAGÓGICA

Duración: desde 5' hasta 10'.
Etapa: educación primaria.
Contenidos: imagen y percepción / actividades físicas artístico-expresivas / salud.
Evaluación: atención / participación / distensión muscular / estado de relajación / creatividad.

2.22. LA AGUJA DEL RELOJ

Nº participantes: 3 personas.
Edad: desde 5 años hasta 12 años.
Material: ninguno.
Espacio: suelo gimnasio / patio.
Organización: por tríos, en decúbito supino.

DESCRIPCIÓN

En grupos de 3 personas, un miembro participante se tumba en medio de los otros compañeros. Los demás irán moviéndolo, de manera que vaya girando como si se tratase de la aguja del reloj. Se irán intercambiando las posiciones hasta hacerlo todos.

FINES DE LA ACTIVIDAD

- ✓ Establecer hábitos de ubicación postural.
- ✓ Aumentar la cantidad de oxígeno en sangre.
- ✓ Descender la frecuencia cardíaca.
- ✓ Alcanzar la distensión muscular.

VARIANTES DE LA ACTIVIDAD

- o Invertir el sentido de la aguja del reloj en diferentes momentos, con la intención de alternar la actividad realizada.
- o Sustituir al miembro participante de en medio y realizar, de forma simultánea, el movimiento.

CONCRECIÓN PEDAGÓGICA

Duración: desde 5' hasta 10'.
Etapa: educación infantil / educación primaria.
Contenidos: imagen y percepción / actividades físicas artístico-expresivas / salud.
Evaluación: atención / participación / distensión muscular / estado de relajación / creatividad.

2.23. ESPADACHÍN

Nº participantes: 2 personas.
Edad: desde 8 años hasta 12 años.
Material: churos de natación.
Espacio: suelo gimnasio / patio.
Organización: por parejas, de pie.

DESCRIPCIÓN

En parejas, cada miembro participante dispondrá de un churro de natación en sus manos. Ambos, con los pies sin levantar del suelo e inmóviles, deberán esquivar los toques dados por el compañero. Cada toque supondrá un punto para el contrario.

FINES DE LA ACTIVIDAD

- ✓ Establecer hábitos de ubicación postural.
- ✓ Aumentar la cantidad de oxígeno en sangre.
- ✓ Descender la frecuencia cardíaca.
- ✓ Alcanzar la distensión muscular.

VARIANTES DE LA ACTIVIDAD

- o Modificar la posición de los miembros participantes, cambiando el estiramiento.
- o Cambiar la colocación de los pies, de forma que impliquen equilibrios o incluso giros en la realización del ejercicio.

CONCRECIÓN PEDAGÓGICA

Duración: desde 5' hasta 10'.
Etapa: educación primaria.
Contenidos: imagen y percepción / actividades físicas artístico-expresivas / salud.
Evaluación: atención / participación / distensión muscular / estado de relajación / creatividad.

2.24. INGRAVIDEZ

Nº participantes: 2 personas.
Edad: desde 8 años hasta 12 años.
Material: pelotas de fit-ball.
Espacio: suelo gimnasio / patio.
Organización: por parejas, en decúbito prono.

DESCRIPCIÓN

En parejas, cada grupo dispondrá de una pelota de fit-ball. A la señal del docente, uno de los miembros participantes se subirá a la pelota en decúbito prono, mientras que el otro miembro del grupo le ayudará a mantener el equilibrio, evitando que se caiga.

FINES DE LA ACTIVIDAD

- ✓ Establecer hábitos de ubicación postural.
- ✓ Aumentar la cantidad de oxígeno en sangre.
- ✓ Descender la frecuencia cardíaca.
- ✓ Alcanzar la distensión muscular.

VARIANTES DE LA ACTIVIDAD

- o Cambiar la posición en decúbito prono por la posición en decúbito supino.
- o Avanzar con el miembro participante que está ubicado encima de la pelota de fit-ball, desplazándose por el espacio disponible.

CONCRECIÓN PEDAGÓGICA

Duración: desde 5' hasta 10'.
Etapa: educación primaria.
Contenidos: imagen y percepción / actividades físicas artístico-expresivas / salud.
Evaluación: atención / participación / distensión muscular / estado de relajación / creatividad.

2.25. PATAS ARRIBA

Nº participantes: 2 personas.
Edad: desde 5 años hasta 12 años.
Material: pelotas de fit-ball.
Espacio: suelo gimnasio / patio.
Organización: por parejas, sentados.

DESCRIPCIÓN

En parejas, cada grupo dispondrá de una pelota de fit-ball. Los miembros participantes se colocan frontalmente y sentados, a una distancia corta. A la señal del docente, se irán pasando la pelota de fit-ball con las manos, evitando que se caiga.

FINES DE LA ACTIVIDAD

- ✓ Establecer hábitos de ubicación postural.
- ✓ Aumentar la cantidad de oxígeno en sangre.
- ✓ Descender la frecuencia cardíaca.
- ✓ Alcanzar la distensión muscular.

VARIANTES DE LA ACTIVIDAD

- o Modificar las partes del cuerpo que utilizan para pasarse la pelota de fit-ball.
- o Cambiar la posición en la que se encuentran los miembros participantes que forman la pareja, con el fin de aumentar la dificultad.

CONCRECIÓN PEDAGÓGICA

Duración: desde 5' hasta 10'.
Etapa: educación infantil / educación primaria.
Contenidos: imagen y percepción / actividades físicas artístico-expresivas / salud.
Evaluación: atención / participación / distensión muscular / estado de relajación / creatividad.

2.26. PINBALL HUMANO

Nº participantes: 4 personas.
Edad: desde 5 años hasta 12 años.
Material: pelotas de fit-ball.
Espacio: suelo gimnasio / patio.
Organización: grupos de 4 personas, tumbados.

DESCRIPCIÓN

En grupos de 4 personas, y colocados en decúbito lateral y el abdomen flexionado, el alumnado se subdivide en parejas. Deberán ir lanzándose la pelota de fit-ball con el abdomen, intentando marcar a los otros dos miembros participantes situados al frente.

FINES DE LA ACTIVIDAD

- ✓ Establecer hábitos de ubicación postural.
- ✓ Aumentar la cantidad de oxígeno en sangre.
- ✓ Descender la frecuencia cardíaca.
- ✓ Alcanzar la distensión muscular.

VARIANTES DE LA ACTIVIDAD

- o Aumentar o disminuir el hueco existente entre cada subdivisión dentro del grupo.
- o Utilizar pelotas más pequeñas que las de fitball, de forma que resulte más complejo el lanzamiento y la recepción de la misma.

CONCRECIÓN PEDAGÓGICA

Duración: desde 5' hasta 10'.
Etapa: educación infantil / educación primaria.
Contenidos: imagen y percepción / actividades físicas artístico-expresivas / salud.
Evaluación: atención / participación / distensión muscular / estado de relajación / creatividad.

2.27. LAS LIANAS

Nº participantes: 5 personas.
Edad: desde 8 años hasta 12 años.
Material: espalderas.
Espacio: suelo gimnasio / patio.
Organización: grupos de 5 personas, de pie.

DESCRIPCIÓN

En grupos de 5 personas, el alumnado se coloca en fila frente a una espaldera. El primer participante de la fila escala un poco en la espaldera y se queda agarrado, con las piernas colgando. El siguiente agarrará sus piernas sin soltarlas. Así sucesivamente, hasta que el último participante, estando de pie, tira de todos los demás formando una liana humana.

FINES DE LA ACTIVIDAD

- ✓ Establecer hábitos de ubicación postural.
- ✓ Aumentar la cantidad de oxígeno en sangre.
- ✓ Descender la frecuencia cardíaca.
- ✓ Alcanzar la distensión muscular.

VARIANTES DE LA ACTIVIDAD

- o Modificar la altura y distancia en la que se encuentra situada la fila del grupo.
- o Realizar la liana humana con todo el alumnado tumbado en decúbito prono en el suelo, sin necesidad de utilizar espalderas.

CONCRECIÓN PEDAGÓGICA

Duración: desde 5' hasta 10'.
Etapa: educación infantil / educación primaria.
Contenidos: imagen y percepción / actividades físicas artístico-expresivas / salud.
Evaluación: atención / participación / distensión muscular / estado de relajación / creatividad.

2.28. EL TÚNEL

Nº participantes: 5 personas.
Edad: desde 5 años hasta 12 años.
Material: ninguno.
Espacio: suelo gimnasio / patio.
Organización: grupos de 5 personas, de pie.

DESCRIPCIÓN

En grupos de 5 personas, el alumnado se coloca en hilera. A la señal del docente, colocarán los brazos en el suelo, sin apoyar el abdomen en el mismo, de manera que formen un arco con el cuerpo. En conjunto, parecerá un túnel. Ganará el equipo que más tiempo aguante en esa posición.

FINES DE LA ACTIVIDAD

- ✓ Establecer hábitos de ubicación postural.
- ✓ Aumentar la cantidad de oxígeno en sangre.
- ✓ Descender la frecuencia cardíaca.
- ✓ Alcanzar la distensión muscular.

VARIANTES DE LA ACTIVIDAD

- o Cambiar la forma frontal de realizar el túnel, haciéndolo de espaldas.
- o Introducir objetos móviles como pelotas, para comprobar que el túnel se encuentra bien posicionado.

CONCRECIÓN PEDAGÓGICA

Duración: desde 5' hasta 10'.
Etapa: educación infantil / educación primaria.
Contenidos: imagen y percepción / actividades físicas artístico-expresivas / salud.
Evaluación: atención / participación / distensión muscular / estado de relajación / creatividad.

2.29. AGUANTA LA PELOTA

Nº participantes: 2 personas.
Edad: desde 4 años hasta 12 años.
Material: pelotas.
Espacio: suelo gimnasio / patio.
Organización: por parejas, de pie.

DESCRIPCIÓN

En parejas, el alumnado se coloca frontalmente y suspendidos de una sola pierna. Utilizando una pelota, deberán mantener el equilibrio apoyándose mutuamente en la misma, evitando caer al suelo o que la pelota caiga.

FINES DE LA ACTIVIDAD

- ✓ Establecer hábitos de ubicación postural.
- ✓ Aumentar la cantidad de oxígeno en sangre.
- ✓ Descender la frecuencia cardíaca.
- ✓ Alcanzar la distensión muscular.

VARIANTES DE LA ACTIVIDAD

- o Modificar la posición de los miembros participantes de la pareja, colocándose de espaldas.
- o Cambiar la pelota por otros objetos, como cajas o cuerda.

CONCRECIÓN PEDAGÓGICA

Duración: desde 5' hasta 10'.
Etapa: educación infantil / educación primaria.
Contenidos: imagen y percepción / actividades físicas artístico-expresivas / salud.
Evaluación: atención / participación / distensión muscular / estado de relajación / creatividad.

2.30. CISNES DE PIEDRA

Nº participantes: entre 2 personas y 30 personas.
Edad: desde 4 años hasta 12 años.
Material: ninguno.
Espacio: suelo gimnasio / patio.
Organización: gran grupo, de pie.

DESCRIPCIÓN

En gran grupo, el alumnado se distribuye por el espacio disponible. Cada miembro participante se colocará de puntillas, aguantando el equilibrio. Ganará el participante que más tiempo aguante con respecto al resto de miembros del grupo.

FINES DE LA ACTIVIDAD

- ✓ Establecer hábitos de ubicación postural.
- ✓ Aumentar la cantidad de oxígeno en sangre.
- ✓ Descender la frecuencia cardíaca.
- ✓ Alcanzar la distensión muscular.

VARIANTES DE LA ACTIVIDAD

- o Cambiar la posición de los brazos e integrar el posicionamiento a la pata coja.
- o Establecer determinados movimientos de imitación propuestos por el docente

CONCRECIÓN PEDAGÓGICA

Duración: desde 5' hasta 10'.
Etapa: educación infantil / educación primaria.
Contenidos: imagen y percepción / actividades físicas artístico-expresivas / salud.
Evaluación: atención / participación / distensión muscular / estado de relajación / creatividad.

Bloque 3

Juegos de **RELAJACIÓN**

3.1. DICTADO DE LETRAS

Nº participantes: entre 2 personas y 30 personas.
Edad: desde 4 años hasta 12 años.
Material: ninguno.
Espacio: suelo gimnasio / patio.
Organización: gran grupo, en decúbito supino.

DESCRIPCIÓN

En gran grupo, el alumnado se distribuye por el espacio disponible y se tumba boca-arriba. El docente irá diciendo el nombre de diferentes letras que el alumnado deberá dibujar con las manos en su mente, de forma imaginaria.

FINES DE LA ACTIVIDAD

- ✓ Rebajar el nivel de estrés corporal.
- ✓ Aumentar la cantidad de oxígeno en sangre.
- ✓ Descender la frecuencia cardíaca.
- ✓ Alcanzar la distensión muscular.

VARIANTES DE LA ACTIVIDAD

- o Dibujar las letras con la ayuda de diferentes extremidades, como las piernas.
- o Crear palabras con la ayuda del resto de miembros participantes en la actividad, contribuyendo a la representación simbólica.

CONCRECIÓN PEDAGÓGICA

Duración: desde 5' hasta 10'.
Etapa: educación infantil / educación primaria.
Contenidos: imagen y percepción / actividades físicas artístico-expresivas / salud.
Evaluación: atención / representación / distensión muscular / estado de relajación / creatividad.

3.2. NÚMEROS IMAGINARIOS

Nº participantes: entre 2 personas y 30 personas.
Edad: desde 4 años hasta 12 años.
Material: ninguno.
Espacio: suelo gimnasio / patio.
Organización: gran grupo, en decúbito supino.

DESCRIPCIÓN

En gran grupo, el alumnado se distribuye por el espacio disponible y se tumba boca-arriba. El docente irá diciendo el nombre de diferentes números y el alumnado deberá representarlos con la ayuda de sus manos de forma imaginaria.

FINES DE LA ACTIVIDAD

- ✓ Rebajar el nivel de estrés corporal.
- ✓ Aumentar la cantidad de oxígeno en sangre.
- ✓ Descender la frecuencia cardíaca.
- ✓ Alcanzar la distensión muscular.

VARIANTES DE LA ACTIVIDAD

- o Dibujar los números con la ayuda de diferentes extremidades, como las piernas.
- o Crear series numéricas con la ayuda del resto de miembros participantes en la actividad, contribuyendo a la representación simbólica.

CONCRECIÓN PEDAGÓGICA

Duración: desde 5' hasta 10'.
Etapa: educación infantil / educación primaria.
Contenidos: imagen y percepción / actividades físicas artístico-expresivas / salud.
Evaluación: atención / representación / distensión muscular / estado de relajación / creatividad.

3.3. CONTRAIGO MÚSCULOS

Nº participantes: entre 2 personas y 30 personas.
Edad: desde 4 años hasta 12 años.
Material: ninguno.
Espacio: suelo gimnasio / patio.
Organización: gran grupo, en decúbito supino.

DESCRIPCIÓN

En gran grupo, el alumnado se distribuye por el espacio disponible y se tumba boca-arriba. El docente irá diciendo el nombre de distintas partes del cuerpo que los educandos deberán contraer intensamente para, a posteriori, ir distendiéndolos lentamente, con la intención de relajarlos.

FINES DE LA ACTIVIDAD

- ✓ Rebajar el nivel de estrés corporal.
- ✓ Aumentar la cantidad de oxígeno en sangre.
- ✓ Descender la frecuencia cardíaca.
- ✓ Alcanzar la distensión muscular.

VARIANTES DE LA ACTIVIDAD

- o Alternar relajación con contracción, experimentando sus diferencias.
- o Cambiar la posición y ubicación del alumnado para realizar los diferentes ejercicios de relajación y contracción.

CONCRECIÓN PEDAGÓGICA

Duración: desde 5' hasta 10'.
Etapa: educación infantil / educación primaria.
Contenidos: imagen y percepción / actividades físicas artístico-expresivas / salud.
Evaluación: atención / representación / distensión muscular / estado de relajación / creatividad.

3.4. LA ANGUILA

Nº participantes: entre 2 personas y 30 personas.
Edad: desde 4 años hasta 12 años.
Material: ninguno.
Espacio: suelo gimnasio / patio.
Organización: gran grupo, en decúbito supino.

DESCRIPCIÓN

En gran grupo, el alumnado se distribuye por el espacio disponible y se tumba boca-arriba, enlazando las piernas con el miembro participante situado justo delante. El docente irá diciendo que parte del cuerpo habrá que suspender en alto y cual habrá que relajar, realizando movimientos simultáneos como si se tratase de una anguila.

FINES DE LA ACTIVIDAD

- ✓ Rebajar el nivel de estrés corporal.
- ✓ Aumentar la cantidad de oxígeno en sangre.
- ✓ Descender la frecuencia cardíaca.
- ✓ Alcanzar la distensión muscular.

VARIANTES DE LA ACTIVIDAD

- o Combinar el movimiento de diferentes segmentos corporales.
- o Establecer la sincronía en diferentes ejercicios concretos, como levantarse y sentarse, potenciando la coordinación del alumnado.

CONCRECIÓN PEDAGÓGICA

Duración: desde 5' hasta 10'.
Etapa: educación infantil / educación primaria.
Contenidos: imagen y percepción / actividades físicas artístico-expresivas / salud.
Evaluación: atención / representación / distensión muscular / estado de relajación / creatividad.

3.5. EL CHICLE

Nº participantes: entre 2 personas y 30 personas.
Edad: desde 4 años hasta 12 años.
Material: ninguno.
Espacio: suelo gimnasio / patio.
Organización: gran grupo, en decúbito supino.

DESCRIPCIÓN

En gran grupo, el alumnado se distribuye por el espacio disponible y se tumba boca-arriba. Los brazos y las piernas quedarán totalmente extendidos. A la señal del docente, el alumnado deberá llevar ambas extremidades a su punto más álgido de estiramiento para, posteriormente, retornar a la posición inicial lentamente.

FINES DE LA ACTIVIDAD

- ✓ Rebajar el nivel de estrés corporal.
- ✓ Aumentar la cantidad de oxígeno en sangre.
- ✓ Descender la frecuencia cardíaca.
- ✓ Alcanzar la distensión muscular.

VARIANTES DE LA ACTIVIDAD

- o Cambiar la posición del alumnado en la distribución del espacio disponible.
- o Establecer pautas para coordinar diferentes movimientos, en donde todas las extremidades participen simultáneamente.

CONCRECIÓN PEDAGÓGICA

Duración: desde 5' hasta 10'.
Etapa: educación infantil / educación primaria.
Contenidos: imagen y percepción / actividades físicas artístico-expresivas / salud.
Evaluación: atención / representación / distensión muscular / estado de relajación / creatividad.

3.6. RECORRIDO RODADO

Nº participantes: 4 personas.
Edad: desde 4 años hasta 12 años.
Material: pelotas de tenis.
Espacio: suelo gimnasio / patio.
Organización: grupos de 4 personas, tumbados.

DESCRIPCIÓN

En grupos de 4 personas, uno de los miembros participantes del grupo se tumba boca-abajo. El resto de participantes, con una pelota de tenis en sus manos, irán recorriendo los segmentos corporales del participante tumbado, consiguiendo contribuir a que entre en un adecuado estado de relajación. Se irán intercambiando los roles.

FINES DE LA ACTIVIDAD

- ✓ Rebajar el nivel de estrés corporal.
- ✓ Aumentar la cantidad de oxígeno en sangre.
- ✓ Descender la frecuencia cardíaca.
- ✓ Alcanzar la distensión muscular.

VARIANTES DE LA ACTIVIDAD

- o Cambiar el posicionamiento del alumnado que recorre las extremidades y del que permanece tumbado en el suelo.
- o Utilizar pelotas y otros objetos blandos de diferentes tamaños.

CONCRECIÓN PEDAGÓGICA

Duración: desde 5' hasta 10'.
Etapa: educación infantil / educación primaria.
Contenidos: imagen y percepción / actividades físicas artístico-expresivas / salud.
Evaluación: atención / representación / distensión muscular / estado de relajación / creatividad.

3.7. LA GRAN BOYA

Nº participantes: 3 personas.
Edad: desde 4 años hasta 12 años.
Material: pelotas de fitball.
Espacio: suelo gimnasio / patio.
Organización: grupos de 3 personas, sentados.

DESCRIPCIÓN

En grupos de 3 personas, el alumnado se colocará sentado en el suelo, colocando su espalda contra una pelota de fitball. Todos los miembros participantes deberán hacerlo de forma simultánea. A la señal del docente, irán deslizando su espalda sobre la pelota, girando alrededor de la misma.

FINES DE LA ACTIVIDAD

- ✓ Rebajar el nivel de estrés corporal.
- ✓ Aumentar la cantidad de oxígeno en sangre.
- ✓ Descender la frecuencia cardíaca.
- ✓ Alcanzar la distensión muscular.

VARIANTES DE LA ACTIVIDAD

- o Modificar la ubicación del alumnado con respecto a la pelota de fitball.
- o Establecer pequeños relevos, en los que el alumnado tenga que portar la pelota de fitball hasta un punto determinado.

CONCRECIÓN PEDAGÓGICA

Duración: desde 5' hasta 10'.
Etapa: educación infantil / educación primaria.
Contenidos: imagen y percepción / actividades físicas artístico-expresivas / salud.
Evaluación: atención / representación / distensión muscular / estado de relajación / creatividad.

3.8. EL ROSCO

Nº participantes: entre 2 personas y 30 personas.
Edad: desde 4 años hasta 12 años.
Material: aros.
Espacio: suelo gimnasio / patio.
Organización: gran grupo, de pie.

DESCRIPCIÓN

En gran grupo, el alumnado forma un gran círculo, quedando sujetos de las manos. Un aro de tamaño medio estará colocado dentro del círculo. A la señal del docente, los miembros participantes deberán ir desplazando el aro de forma que en ningún momento suelten las manos.

FINES DE LA ACTIVIDAD

- ✓ Rebajar el nivel de estrés corporal.
- ✓ Aumentar la cantidad de oxígeno en sangre.
- ✓ Descender la frecuencia cardíaca.
- ✓ Alcanzar la distensión muscular.

VARIANTES DE LA ACTIVIDAD

- o Utilizar aros más pequeños conforme vaya avanzando la actividad.
- o Combinar el desplazamiento del aro por dentro del círculo con otros ejercicios como saltos, giros o pasos.

CONCRECIÓN PEDAGÓGICA

Duración: desde 5' hasta 10'.
Etapa: educación infantil / educación primaria.
Contenidos: imagen y percepción / actividades físicas artístico-expresivas / salud.
Evaluación: atención / representación / distensión muscular / estado de relajación / creatividad.

3.9. CROQUETAS

Nº participantes: entre 2 personas y 30 personas.
Edad: desde 6 años hasta 12 años.
Material: ninguno.
Espacio: suelo gimnasio / patio.
Organización: gran grupo, en decúbito supino.

DESCRIPCIÓN

En gran grupo, el alumnado se coloca en una hilera tumbado boca-arriba. El miembro participante que se coloca al extremo de la hilera comenzará a rodar encima del resto de participantes hasta llegar al otro extremo. Cuando finaliza el recorrido, comienza el siguiente educando. Así, sucesivamente, hasta finalizar el recorrido al completo.

FINES DE LA ACTIVIDAD

- ✓ Rebajar el nivel de estrés corporal.
- ✓ Aumentar la cantidad de oxígeno en sangre.
- ✓ Descender la frecuencia cardíaca.
- ✓ Alcanzar la distensión muscular.

VARIANTES DE LA ACTIVIDAD

- o Cambiar la ubicación del alumnado en el momento de formar la hilera.
- o Establecer diferentes ritmos en el rodaje por encima de la hilera de participantes e ir introduciendo móviles, como pelotas.

CONCRECIÓN PEDAGÓGICA

Duración: desde 5' hasta 10'.
Etapa: educación primaria.
Contenidos: imagen y percepción / actividades físicas artístico-expresivas / salud.
Evaluación: atención / representación / distensión muscular / estado de relajación / creatividad.

3.10. SPLASH

Nº participantes: entre 2 personas y 30 personas.
Edad: desde 6 años hasta 12 años.
Material: colchonetas.
Espacio: suelo gimnasio / patio.
Organización: gran grupo, en decúbito supino.

DESCRIPCIÓN

En gran grupo, el alumnado se coloca en dos hileras enfrentadas de pie. El docente gritará la palabra "splash" y los miembros participantes del grupo deberán lanzarse a la colchoneta y retornar a la posición inicial de pie lo antes posible. El último participante en cada tirada será eliminado. Ganará el educando que aguante más en el juego.

FINES DE LA ACTIVIDAD

- ✓ Rebajar el nivel de estrés corporal.
- ✓ Aumentar la cantidad de oxígeno en sangre.
- ✓ Descender la frecuencia cardíaca.
- ✓ Alcanzar la distensión muscular.

VARIANTES DE LA ACTIVIDAD

- o Modificar la forma de lanzarse a las colchonetas, haciéndolo de espaldas.
- o Alternar la palabra "splash" con otras palabras parecidas, distrayendo al alumnado participante en el juego.

CONCRECIÓN PEDAGÓGICA

Duración: desde 5' hasta 10'.
Etapa: educación primaria.
Contenidos: imagen y percepción / actividades físicas artístico-expresivas / salud.
Evaluación: atención / representación / distensión muscular / estado de relajación / creatividad.

3.11. SENTAR LA PELOTA

Nº participantes: 2 personas.
Edad: desde 5 años hasta 12 años.
Material: pelotas.
Espacio: suelo gimnasio / patio.
Organización: por parejas, de pie.

DESCRIPCIÓN

En parejas, el alumnado se coloca frontalmente con una pelota. Un miembro participante pasará la pelota al compañero, de forma que este, para pararla, tendrá que sentarse encima de ella. Se irán realizando diferentes intercambios.

FINES DE LA ACTIVIDAD

- ✓ Rebajar el nivel de estrés corporal.
- ✓ Aumentar la cantidad de oxígeno en sangre.
- ✓ Descender la frecuencia cardíaca.
- ✓ Alcanzar la distensión muscular.

VARIANTES DE LA ACTIVIDAD

- o Posicionar la pelota de diferentes formas, aumentando el nivel de dificultad del juego.
- o Establecer alteraciones en el ritmo y la intensidad de los intercambios de pelota, adecuándolos al alumnado.

CONCRECIÓN PEDAGÓGICA

Duración: desde 5' hasta 10'.
Etapa: educación infantil / educación primaria.
Contenidos: imagen y percepción / actividades físicas artístico-expresivas / salud.
Evaluación: atención / representación / distensión muscular / estado de relajación / creatividad.

3.12. LA MECEDORA

Nº participantes: 2 personas.
Edad: desde 5 años hasta 12 años.
Material: ninguno.
Espacio: suelo gimnasio / patio.
Organización: por parejas, sentados.

DESCRIPCIÓN

En parejas, el alumnado se coloca espalda contra espalda, sentado en el suelo. Apoyando los brazos en el abdomen, deberán ir empujando levemente al otro miembro participante de forma mutua, realizando un movimiento que simule a una mecedora.

FINES DE LA ACTIVIDAD

- ✓ Rebajar el nivel de estrés corporal.
- ✓ Aumentar la cantidad de oxígeno en sangre.
- ✓ Descender la frecuencia cardíaca.
- ✓ Alcanzar la distensión muscular.

VARIANTES DE LA ACTIVIDAD

- o Colocar al alumnado de manera frontal, modificando el movimiento de la mecedora.
- o Variar la forma de mecerse mutuamente, de manera que se produzcan alteraciones en los movimientos sincronizados.

CONCRECIÓN PEDAGÓGICA

Duración: desde 5' hasta 10'.
Etapa: educación infantil / educación primaria.
Contenidos: imagen y percepción / actividades físicas artístico-expresivas / salud.
Evaluación: atención / representación / distensión muscular / estado de relajación / creatividad.

3.13. LA SILLA ELÁSTICA

Nº participantes: 2 personas.
Edad: desde 5 años hasta 12 años.
Material: pelotas de fitball.
Espacio: suelo gimnasio / patio.
Organización: por parejas, sentados.

DESCRIPCIÓN

En parejas, el alumnado se coloca espalda contra espalda, sentado encima de una pelota de fitball. A la señal, deberán ir avanzando de forma coordinada, evitando caerse.

FINES DE LA ACTIVIDAD

- ✓ Rebajar el nivel de estrés corporal.
- ✓ Aumentar la cantidad de oxígeno en sangre.
- ✓ Descender la frecuencia cardíaca.
- ✓ Alcanzar la distensión muscular.

VARIANTES DE LA ACTIVIDAD

- o Colocar al alumnado de manera frontal, modificando el movimiento la silla elástica.
- o Intensificar cada vez más los saltos realizados encima de la silla elástica, potenciando la capacidad de moverse conjuntamente.

CONCRECIÓN PEDAGÓGICA

Duración: desde 5' hasta 10'.
Etapa: educación infantil / educación primaria.
Contenidos: imagen y percepción / actividades físicas artístico-expresivas / salud.
Evaluación: atención / representación / distensión muscular / estado de relajación / creatividad.

3.14. MAYOR A MENOR

Nº participantes: entre 2 personas y 30 personas.
Edad: desde 5 años hasta 12 años.
Material: ninguno.
Espacio: suelo gimnasio / patio.
Organización: gran grupo, de pie.

DESCRIPCIÓN

En gran grupo, el alumnado se coloca en hilera a un lado del espacio disponible. Un miembro participante será, en cada turno, encargado de ordenar. A la señal del docente, tendrá que colocar al resto de participantes en serie de mayor a menor, con respecto a la altura de cada persona.

FINES DE LA ACTIVIDAD

- ✓ Rebajar el nivel de estrés corporal.
- ✓ Aumentar la cantidad de oxígeno en sangre.
- ✓ Descender la frecuencia cardíaca.
- ✓ Alcanzar la distensión muscular.

VARIANTES DE LA ACTIVIDAD

- o Cambiar la serie de orden, realizándola de menor a mayor.
- o Utilizar disfraces y atrezzo, para dificultar la forma de ordenar al alumnado en relación a la vestimenta de cada persona.

CONCRECIÓN PEDAGÓGICA

Duración: desde 5' hasta 10'.
Etapa: educación infantil / educación primaria.
Contenidos: imagen y percepción / actividades físicas artístico-expresivas / salud.
Evaluación: atención / representación / distensión muscular / estado de relajación / creatividad.

3.15. EL SENDERO

Nº participantes: entre 2 personas y 30 personas.
Edad: desde 3 años hasta 12 años.
Material: cuerdas.
Espacio: suelo gimnasio / patio.
Organización: gran grupo, de pie.

DESCRIPCIÓN

En gran grupo, el alumnado se distribuye por todo el espacio disponible. En el suelo habrá colocadas cuerdas formando diferentes siluetas. Los miembros participantes del grupo irán caminando por encima de las cuerdas y aguantando el equilibrio, sin poder avanzar por ningún otro lado.

FINES DE LA ACTIVIDAD

- ✓ Rebajar el nivel de estrés corporal.
- ✓ Aumentar la cantidad de oxígeno en sangre.
- ✓ Descender la frecuencia cardíaca.
- ✓ Alcanzar la distensión muscular.

VARIANTES DE LA ACTIVIDAD

- o Enlazar las cuerdas utilizadas para dificultar el camino empleado.
- o Variar los ritmos de realización del sendero, con la intención de incrementar la intensidad en la actividad realizada.

CONCRECIÓN PEDAGÓGICA

Duración: desde 5' hasta 10'.
Etapa: educación infantil / educación primaria.
Contenidos: imagen y percepción / actividades físicas artístico-expresivas / salud.
Evaluación: atención / representación / distensión muscular / estado de relajación / creatividad.

3.16. LLUVIA DE BALONES

N° participantes: entre 2 personas y 30 personas.
Edad: desde 5 años hasta 12 años.
Material: balones y pelotas.
Espacio: suelo gimnasio / patio.
Organización: gran grupo, sentados.

DESCRIPCIÓN

En gran grupo, el alumnado se distribuye en dos mitades del campo disponible, quedando sentado. En el centro del mismo, se ubican multitud de balones y pelotas de diferentes tamaños. A la señal, el docente se encargará de moverlas. El alumnado deberá sacar las pelotas de su campo antes del tiempo marcado sin poder levantarse ni moverse.

FINES DE LA ACTIVIDAD

- ✓ Rebajar el nivel de estrés corporal.
- ✓ Aumentar la cantidad de oxígeno en sangre.
- ✓ Descender la frecuencia cardíaca.
- ✓ Alcanzar la distensión muscular.

VARIANTES DE LA ACTIVIDAD

- o Modificar la posición del alumnado en el espacio disponible, ubicándose en posición decúbito prono y decúbito supino.
- o Alternar diferentes objetos móviles para su adecuada realización.

CONCRECIÓN PEDAGÓGICA

Duración: desde 5' hasta 10'.
Etapa: educación infantil / educación primaria.
Contenidos: imagen y percepción / actividades físicas artístico-expresivas / salud.
Evaluación: atención / representación / distensión muscular / estado de relajación / creatividad.

3.17. CAÍDA EN CONFIANZA

Nº participantes: 3 personas.
Edad: desde 8 años hasta 12 años.
Material: ninguno.
Espacio: suelo gimnasio / patio.
Organización: por tríos, de pie.

DESCRIPCIÓN

En grupos de 3 personas, uno de los miembros participantes se coloca en medio de los restantes. A la señal del participante que se encuentre en dicha posición central, este se dejará caer de espaldas, teniendo que sostenerle el participante más próximo. Se irán intercambiando los lados y los roles.

FINES DE LA ACTIVIDAD

- ✓ Rebajar el nivel de estrés corporal.
- ✓ Aumentar la cantidad de oxígeno en sangre.
- ✓ Descender la frecuencia cardíaca.
- ✓ Alcanzar la distensión muscular.

VARIANTES DE LA ACTIVIDAD

- ○ Establecer la caída de forma frontal, para otorgar mayor seguridad a los participantes.
- ○ Cambiar la posición del alumnado que realiza la actividad, situándose de rodillas e incluso a la pata coja.

CONCRECIÓN PEDAGÓGICA

Duración: desde 5' hasta 10'.
Etapa: educación primaria.
Contenidos: imagen y percepción / actividades físicas artístico-expresivas / salud.
Evaluación: atención / representación / distensión muscular / estado de relajación / creatividad.

3.18. LA PILA

Nº participantes: 2 personas.
Edad: desde 6 años hasta 12 años.
Material: rulos de natación.
Espacio: suelo gimnasio / patio.
Organización: en parejas, en decúbito prono.

DESCRIPCIÓN

En parejas, uno de los miembros participantes se coloca boca-abajo sobre cuatro rulos de natación. A la señal del docente, el otro compañero participante, sosteniéndolo de las piernas, deberá moverlo hacia delante y hacia atrás como si se tratase del lavado de una camiseta en una pila.

FINES DE LA ACTIVIDAD

- ✓ Rebajar el nivel de estrés corporal.
- ✓ Aumentar la cantidad de oxígeno en sangre.
- ✓ Descender la frecuencia cardíaca.
- ✓ Alcanzar la distensión muscular.

VARIANTES DE LA ACTIVIDAD

- o Colocar al alumnado en posición decúbito prono para cambiar la ubicación.
- o Utilizar otros materiales para realizar el rodamiento, como pelotas o rulos de diferentes tamaños y dimensiones.

CONCRECIÓN PEDAGÓGICA

Duración: desde 5' hasta 10'.
Etapa: educación primaria.
Contenidos: imagen y percepción / actividades físicas artístico-expresivas / salud.
Evaluación: atención / representación / distensión muscular / estado de relajación / creatividad.

3.19. LA TOALLA

Nº participantes: 2 personas.
Edad: desde 6 años hasta 12 años.
Material: toallas / pelotas blandas.
Espacio: suelo gimnasio / patio.
Organización: en parejas, de pie.

DESCRIPCIÓN

En parejas, el alumnado se coloca de pie frontalmente, sujetando cada extremo de una toalla. Se colocarán varias pelotas blandas encima de la misma. Deberán ir lanzando las pelotas hacia arriba de forma simultánea, evitando que ninguna caiga.

FINES DE LA ACTIVIDAD

- ✓ Rebajar el nivel de estrés corporal.
- ✓ Aumentar la cantidad de oxígeno en sangre.
- ✓ Descender la frecuencia cardíaca.
- ✓ Alcanzar la distensión muscular.

VARIANTES DE LA ACTIVIDAD

- o Utilizar otros elementos para el lanzamiento en alto de las pelotas blandas, como pañuelos.
- o Emplear pelotas de dimensiones mayores, dificultando la simultaneidad de los movimientos así como su lanzamiento.

CONCRECIÓN PEDAGÓGICA

Duración: desde 5' hasta 10'.
Etapa: educación primaria.
Contenidos: imagen y percepción / actividades físicas artístico-expresivas / salud.
Evaluación: atención / representación / distensión muscular / estado de relajación / creatividad.

3.20. LA MOSCARDA

Nº participantes: 2 personas.
Edad: desde 4 años hasta 12 años.
Material: pañuelos.
Espacio: suelo gimnasio / patio.
Organización: en parejas, sentados.

DESCRIPCIÓN

En parejas, un miembro participante se coloca delante del otro, sentados en el suelo. Con un pañuelo, se irá deslizando sobre la espalda del otro participante, intentando este último atrapar el pañuelo antes de que se le escape.

FINES DE LA ACTIVIDAD

- ✓ Rebajar el nivel de estrés corporal.
- ✓ Aumentar la cantidad de oxígeno en sangre.
- ✓ Descender la frecuencia cardíaca.
- ✓ Alcanzar la distensión muscular.

VARIANTES DE LA ACTIVIDAD

- o Utilizar otros objetos para la realización de la moscarda, como folios o pelotas.
- o Modificar la ubicación del alumnado en la realización del ejercicio, colocándose en decúbito prono y decúbito supino.

CONCRECIÓN PEDAGÓGICA

Duración: desde 5' hasta 10'.
Etapa: educación infantil / educación primaria.
Contenidos: imagen y percepción / actividades físicas artístico-expresivas / salud.
Evaluación: atención / representación / distensión muscular / estado de relajación / creatividad.

REFERENCIAS BIBLIOGRÁFICAS

Blázquez, D. (2001). Diez competencias docentes para ser mejor profesor de educación física: la gestión didáctica de la clase. Barcelona: Inde.

Blum, M. (2000). Los estiramientos. Barcelona: Hispano Europea.

Chinchilla, J.L. & Zagalaz, M.L. (1997). Educación física y su didáctica en primaria. Jaén: Jabalcuz.

Delgado, M.A. (1991). Los estilos de enseñanza en la educación física. Propuesta para una reforma de la enseñanza. Granada: I.C.E. de la Universidad de Granada.

Domínguez, N. (2015). Análisis pedagógico de la vuelta a la calma en las clases de educación física: un estudio de casos (tesis doctoral inédita). Málaga: Universidad de Málaga.

Meléndez, A. (2005). Bases fisiológicas y metodológicas del entrenamiento de la flexibilidad. Revista comunicaciones técnicas, Nº1.

Navarro, N. (1993). El juego infantil. Fundamentos de educación física para la enseñanza primaria. Volumen 2. Barcelona: Inde.

Palacios, M. (1979). Deporte y salud. Gijón: Sella.

Payne, A.R. (2002). Técnicas de relajación. Barcelona: Paidotribo.

Pintanel, M. (2005). Técnicas de relajación creativa y emocional. Madrid: Thomson.

Prieto, J.A. (2009). Técnicas de relajación y trabajo corporal en el medio acuático. Sevilla: Wanceulen.

Ruibal, O. & Serrano, A. (2001). Respira unos minutos. Barcelona: Inde.

Sallis, J.F. & McKenzie, T.L. (1991). Physical education´s role in public heatlh. Research Quarenterly for Excercise and Sport.

Suárez, R. & Suárez, F. (1999). La relajación y la respiración en la educación física y el deporte. Madrid: Gymnos.

www.ingramcontent.com/pod-product-compliance
Lightning Source LLC
Chambersburg PA
CBHW061313110426
42742CB00012BA/2168